So You Want to Start a Podcast

开始做播客

千万级流量主播教你
有声节目策划、主持、圈粉及运营

Kristen Meinzer

［英］克里斯滕·迈因策尔 著

卢徐栋 译

献给迪恩

你事事都擅长，和你在一起，
我也能把事情做得更好。

目　录

前　言 ·· 5

第一章　找到定位

1　你究竟为什么做播客 ······································ 3
2　你的节目受众是谁 ··· 7
3　找准节目的策划方向 ······································ 13
4　去对的地方寻找灵感 ······································ 17
5　你有用爱发电的热情吗 ··································· 21

第二章　写份策划

6　选定体裁 ·· 25
7　搭建结构 ·· 31
8　重视开场 ·· 37
9　准备讲稿 ·· 41
10　起个响亮的名字 ·· 47

第三章　上手主持

11　考虑多样性 51
12　专业地主持 57
13　考虑找搭档主播 63
14　掌握搭档主持的艺术 67
15　化解搭档主持的冲突 71

第四章　节目录制

16　找到心仪嘉宾 77
17　让嘉宾和自己都做好准备 87
18　驾驭访谈 93
19　考虑找制作人 97
20　向对的人寻求反馈 103

第五章　技术装备

21　实际需要的设备 109
22　采访形式 113
23　做一名优秀剪辑师 117
24　学习使用音视频片段等素材 123
25　确定最佳时长 127
26　了解听众所爱 131
27　了解听众所恶 135

第六章　发布变现

28　确定更新时间和频率 ………………………………… *141*
29　抓人的视觉设计 ……………………………………… *145*
30　出彩的节目标题和介绍 ……………………………… *149*
31　播客发布 ……………………………………………… *151*
32　如何变现 ……………………………………………… *157*

第七章　成长空间

33　播客推广 ……………………………………………… *163*
34　打造社群 ……………………………………………… *167*
35　传播口碑 ……………………………………………… *177*
36　当一名出色的受访嘉宾 ……………………………… *183*
37　拥抱播客主的身份 …………………………………… *187*

致　谢 …………………………………………………… *193*

前　言

你好，非凡之人。没错，就是你，翻开此书的你。我想说一句你值得听到，但可能听到的次数还不够的话：我相信你。我相信你有大家想听的好故事。我相信你与众不同。这不容他人质疑。

当然，问题不在于你非凡与否（你是非凡的），而在于你是否想化非凡为播客。帮你解答这个问题就是我写此书的第一个原因。第二个原因是我想帮你做成播客，但首先，这得是你心之所向。

言至于此，你可能会说："我当然想做播客了，所以我才打开这本书啊！为何质疑我的动机？"

友善的读者，我来告诉你原因：因为做播客可能困难重重，或许让你摸不着头脑，可能让你怀疑为什么当时想做播客。我想让你了解前方不只有甜蜜喜悦，还有收获喜悦前需付出的汗水。想让你起步比我当时好，让你知道所有人（包括我在内）都是你可以利用的资源。

注意，我在书中会提几个刁钻的问题——我认为如果想把内容做到最好，每个播客主都应扪心自问的问题。回答这些问题需要一番自省。我也希望你能在深思熟虑后再回答。

无论最后你制作出的是又一档如《罪案纪实》(*Serial*)般的爆款播客，还是一档只有你的家人和最亲近的朋友才会收听的小众播客，我都希望你谨记：你是非凡之人。

这人算哪根葱（凭什么在这指点江山）

你可能有疑问："一边说我是非凡之人，一边又提醒我注意，你算老几？你多了解我？再来，你对播客行业又了解多少？"

首先，我是一名主播。过去10年中，我主持过三档成功的播客，总听众数超过千万。我的第一档播客《电影约会》(*Movie Date*)由美国纽约公共电台制作——与《广播实验室》(*Radiolab*)和《死亡、性、金钱》(*Death, Sex, and Money*)节目同属一个幕后团队，一连更新了6年。粉丝不算多，但嘉宾群星荟萃，其中包括斯嘉丽·约翰逊（Scarlett Johansson）、琼·里弗斯（Joan Rivers）、克里斯蒂娜·亨德里克斯（Christina Hendricks）、詹姆斯·弗兰科（James Franco）、克里夫·欧文（Clive Owen）、塔拉吉·P. 汉森（Taraji P. Henson），以及一众出名且受人尊敬的演员、导演和作家。每周，亲爱的搭档主持雷弗·古斯曼（Rafer Guzman）和我会采访明星、点评新电影、安排与听众的电影知识问答，还会施行我们所谓的电影疗法：听众来信或来电倾诉生活上的麻烦事，我们"对症下电影"。

之后，我的两档播客由Panoply播客公司制作。该公司还制作了《重读历史》(*Revisionist History*)、《谨记》(*You Must Remember This*)和《格雷琴·鲁宾帮你找幸福》(*Happier with*

Gretchen Rubin）。

其中一档播客是《梅根与哈里的罗曼史：王室婚礼》(*When Meghan Met Harry: A Royal Weddingcast*），我们有意将其做成迷你型播客。从播客名称可以看出，这档播客是英国哈里王子（Prince Harry）和梅根·马克尔（Meghan Markle）婚礼的倒计时节目，是紧紧围绕这一盛事长达6个月、实打实的专题报道。每周，我的搭档主持詹姆斯·巴尔（James Barr）在节目上讨论涉及王室婚礼的最新报纸头条、采访专家、解释纷繁复杂的王室礼节，并预测婚礼当天的情形。播客获得了国际关注，登上英国广播公司、加拿大广播公司、旅游生活频道、全国广播公司等新闻媒体，并被《时代周刊》(*Time*) 提名为50佳播客，被《时尚》(*Cosmopolitan*) 杂志提名为40佳播客，另外也被刊登在其他出版物上。2018年5月，这档播客甚至还出现在英国航空公司当月的航班上。

另一档播客是我的心头好，我和搭档主播乔兰塔·格林伯格（Jolenta Greenberg）仍在坚持更新，即《活出书样》(*By the Book*)。它算真人秀型播客，也算自助型播客，我认为它颠覆了播客的传统形态。目前，第五季即将收官。每集节目中，我和乔兰塔挑一本自助类读物作参考，在往后两周中，我们严格遵照书中建议行事，并评判该书是否真能改变生活。我们根据书上写的吃穿，还改变了睡眠习惯、日常措辞甚至性生活习惯。正如你在电视上看到的许多真人秀节目，我们也全程录音——在家，在办公室，和丈夫、朋友相处时，状态最好、最差时。《活出书样》多次进入"最佳"榜单，曾入选美国全国公共广播电台最佳播客前九，潮流趋势新闻网最佳前二十一，并获《纽约时报》(*New*

York Times）播客俱乐部栏目推荐，媒体上几乎每周都有一篇相关报道。

我作为主持人的身份广为人知，但我同时也是一名播客制作人。我制作过全国性的每日新闻直播节目，制作过与食物、创业、音乐、育儿和心理健康相关的播客。我曾与获奖播客的知名主持人共事并为知名品牌制作播客，甚至帮助孩子们完成音频任务。我参与制作的播客包括：《格雷琴·鲁宾帮你找幸福》《快乐好莱坞》（Happier in Hollywood）、《苏菲亚·阿莫鲁索的辣妹电台》（Girlboss Radio with Sophia Amoruso）、《叉勺》（The Sporkful）、《食物 52 的焦吐司》（Food52's Burnt Toast）、《克里斯滕和利兹的育儿之道》（Spawned with Kristen and Liz）、《副业学校》（Side Hustle School）、《安静：苏珊·凯恩解读内向者的力量》（Quiet: The Power of Introverts with Susan Cain）、《名利场》（Vanity Fair）杂志旗下的《小金人》（Little Gold Men）、《音乐现场》（Soundcheck）、《行业内幕》（Inc. Uncensored）、《化繁为简》（Real Simple）杂志旗下的播客等。

我在上述播客中所做的工作远不止写脚本、找嘉宾、策划、培训主持人、后期剪辑，我还负责新播客开发，即负责概念或形态的最初成型。从事音频行业前，我就在哥伦比亚广播公司电视台负责新节目开发，目前仍以合同制的形式为客户提供开发服务。

出了演播室，我还在知名高等机构开设与音频制作相关的课程，学校包括哥伦比亚大学、纽约市立大学布鲁克林学院、纽约市立大学克雷格·纽马克新闻学院、纽约市立大学亨特学院。我常在布鲁克林历史学会演讲，探讨历史和流行文化。我多次以评论员的身份受邀登上英国广播公司、加拿大广播公司、声音新闻网、澳大利亚广播公司、新西兰国家广播电台、多档《石板》(Slate)杂志播客、多档美国纽约公共电台节目以及其他大大小小几十档节目和新闻媒体。我平均每个月在大型会议上演讲一次，最近几次会议包括女性内容创业者峰会（BlogHer Creators Summit）、播客运动（Podcast Movement）、美国互动广告局播客论坛（IAB Podcast Upfront）、Werk It 女性播客节和 On Air 播客节，参会人数小到数百，大到几千。

除此之外，还有几百万人可能听过我的声音或见过我的模样。每周，1400多万人收听《万事皆晓》(All Things Considered)，这档播客我作为嘉宾上过多次。6年来，每到周五，200万人会在美国纽约公共电台听到我的声音，因为我是常客。数百万人在2018年5月看过由旅游生活频道出品、长达3小时的王室婚礼纪录片，片中有我的身影。此外，格雷琴·鲁宾的数百万粉丝也知道，我是她的前制片人，偶尔会上她的播客。

我够资格。更重要的是，我是来帮你的。

此书是什么，不是什么

亲爱的读者，我真诚地希望此书于你不只是一本关于播客的指南。我梦想着此书能激励你找到自己的声音，让你相信你的故事有价值，能在你最失落沮丧时为你加油鼓劲。

但除了为你指点迷津、加油打气，书中也不乏干货，涵盖想法成型、方向确定、结构确立、故事讲述、自我反省等制作优秀播客所需的环节。我会谈及艺术、本心和技巧。书里的内容，大多指导手册、博客中的链接和清单都不曾涉及。

说白了，我希望此书不仅能让你学到知识也能让你积累信心。希望在你分享心中所想时，它能成为你可以参考的工具箱，也能当作你的垫脚石。这是你该享有的最基本的权利。

说完"是什么"，我必须告诉你这本书"不是什么"，它不是技术型指南。换句话说：我不会在书中比对播客行业目前最新最强大的装备。我会告诉你我认为必要的最基本配置（比你想象的要少得多），但我不会为某一具体品牌背书，也不会拿来自不同生产线的不同产品比较优劣。书中我不会解释设备或软件的操作方法。在我看来，让其他人上手教你使用录音室设备和编辑软件的效果要好得多，可以是在职场、在工作坊、在教室找人学，也可以找一对一教师或线下聚会时向人请教。退而求其次的话，我建议你借助视频教学学习，因为录制和编辑时需要调动多种感官。工作时，你的耳朵充斥着各种各样的声音，双眼要盯着多条移动的音轨，手指要敲打键盘上的快捷键，还要用鼠标调节音量。操作不同软件和设备时，你调用耳朵、眼睛和双手的方式也是大相径庭。我试过不止一次，试图掌握各种编辑软件的使用方法——均以惨败告终。最终，多亏了耐心又乐于助人的同事，我才掌握使用技巧。你也可以像我一样，寻求他人的帮助。

话虽如此，我真心认为操作设备和软件算简单的。真正复杂的是其他工作：厘清你自己以及这个世界需要这档播客的原因，真诚地讲述你的故事，确保使用一种优美动人的方式传达信息。

准备好了吗？那我们开始吧！

[第一章]

找到定位

1

你究竟为什么做播客

首次向 Panoply 播客公司推介《活出书样》的大致想法时,我和乔兰塔·格林伯格不得不使出看家本领。这可是为马尔科姆·格拉德韦尔（Malcolm Gladwell）和格雷琴·鲁宾等业界大腕制作播客的大公司。我们得证明自己值得投资。

好在我们知道自己的想法不错：两个好友，一个是自助书的忠实信徒，另一个则属自助书的怀疑派，两人每次遵照一本自助书生活两周。照着自助书生活的同时，把工作、家庭生活和其他生活的方方面面记录下来，让听众知道我们的生活究竟是向好还是向坏发展。它可以做成一档喜剧类播客！可以是真人秀类播客！也可以是书评类播客！

听我们推介的公司负责人盛赞我们的想法。但他们也抛出一个大难题："为什么？"更具体说："你们为什么想做播客？"

这可能是世上最简单的问题，或许也是最难的。无论如何，这是你踏上播客制作征程时需要问自己的最重要的问题，这也是别人告诉我他们想做播客时，我首先问他们的问题——无论此人是畅销书作家还是大学生。

最常听到的回答就是:"别人都在做啊。"

我听后第一反应就是:这个原因不够充分。

这并不是说我从不随波逐流。大大小小的事我都盲从过。为了随大流,我忍过不靠谱的男友、穿过不合身的衣服、假装喜欢英式喜剧。

(说到英式喜剧,我多提一句:如果你爱看英式喜剧,你大可尽情观赏,开怀大笑。但我本人不喜欢看到别人难堪,可这碰巧又占了英式喜剧的半壁江山,那我为什么要忍受我不喜欢的事物,还忍了好几年呢?还不就是因为周围人都喜欢。)

回到我的观点:"别人都在做"不是一个充分的理由。

做播客,你要想一个比"别人都在做"更充分的理由。

我和乔兰塔向 Panoply 播客公司推介《活出书样》时,给出了以下理由:

- 我们想突破播客的内容边界。当时,几乎所有播客都在从公共广播电台,或者偶尔从谈话电台中汲取灵感。而我们则从真人秀节目中找灵感。
- 我们想借用纯娱乐、非说教的形式,通过交叉分析向听众传达女权主义思想,给人力量。当时,这样的想法也不多见。多数播客往往平铺直叙地呈现有关意识形态的讨论、独白或讲座。

当然,这个问题没有标准答案。其他播客主给出过其他简短的理由,供参考:

- 想就某一问题或身份打造一个社群。
- 想将我所热爱的事物普及给大众。

- 我有某种技能想教给大众，比如外语能力、商业知识等。
- 我在创业，播客给品牌发展打通一条新渠道。
- 想为我的读者、观众、顾客提供另一种从我这里获取内容的方式。

再想想"为什么"的这个问题。除了"别人都在做"，你肯定还有很多好理由。

你可别告诉我"我和我朋友都很幽默"。这是我从打算做播客的人口中听过第二多的理由，仅次于"别人都在做"。

你会说："我和我朋友无所不聊，不论聊什么都能聊上好几个小时，让对方哈哈大笑。"

你知道吗？你说你朋友很风趣，我完全相信。每次你见到他，他都能把你逗笑，我也信。你肯定也机智幽默。你的眼中闪烁着智慧光芒，让我知道你能说出不给自己留情面但又使人回味无穷的金句。我喜欢你！

但我们再走近一步看：在完全不了解背景知识的情况下，我能听懂你的笑话吗？你和你朋友互通的幽默足以让你开设一档播客吗？

我认为不够。

这并不是说你和你朋友不该开播客。你们绝对有能力做这档前无古人后无来者，最棒最有趣的播客。但你们要先认真考虑有什么充分的理由做这档播客。

其他幽默的人给出过另外几种做播客的理由：

- 我们找到了父亲很久之前写的一本小黄书，想一章章地解读它。

- 我们想用一种与大学课堂完全不同的方式深入烂片的历史。
- 时事可能会让人抑郁,但我们认为自己有能力把它们变好笑。
- 我们喜欢真实的犯罪故事,但更喜欢用幽默,而不是严肃的方式来讲述。

但愿我没打击到你和你朋友。相反,我希望能点醒你们去更实际地思考为什么你们想做播客。但愿你正奋笔疾书,写下你的想法,信心满满、迫不及待地想读后文。

但先别着急,我们再来谈谈"制作缘由"的最后一点。

提示:之前我把问题的重点放在"为什么"上。为什么你想开一档播客?

但现在,这个问题中,我要把重点放在"播客"上。为什么你想开一档播客?

具体而言,请想一想,为什么打算做播客,而不是写博客、写书、开设 YouTube 频道、用拼趣(Pinterest)、照片墙(Instagram)等。播客真的是讲述你故事的最佳方式吗?你的故事需要调动视觉吗,播客会不会达不到效果?你的故事如果写下来,或用单口喜剧的形式,或用多媒体交互雕塑的形式展现会不会更有效?

别把想法强扭成一档播客,这只会让效果打折扣。

一言以蔽之,就算你有充分的理由开设一档播客,播客的确是体现你非凡之处的最佳方式吗?

如果是,请往下读。

2

你的节目受众是谁

你的嗓音是礼物。你的故事是礼物。你的知识、幽默感、洞察和经历都是礼物。

关键是你想把礼物送给谁？

或者更直白地说：这档播客是做给谁听的？

请牢记，播客是做给别人听的。如果不是，你就不会录下来分享给世界。

现在花几分钟想象一下，谁会收听你的播客。她住在哪里？她在家庭中扮演何种角色？他（她）的一天通常是怎么过的？她为什么事烦心？她要找乐子会做什么？

这是我朋友和前同事安德烈娅·西伦齐（Andrea Silenzi）教我的，她主持的播客《新型爱情》（*Why Oh Why*）和《最长最短的时光》（*The Longest Shortest Time*）大受欢迎。安德烈娅想象《新型爱情》的听众时，会假设我们俩在现实中都认识的一位名叫珍妮的人。珍妮现在有男友，但此前她一直对谈恋爱不感冒。她喜欢自己的工作，但不至于为工作献身。她风趣幽默又善于自嘲。

她住在城里，不到 35 岁。

安德烈娅说，每次对内容不太有把握的时候，她就会把珍妮搬出来。珍妮会有什么感觉？珍妮能听懂这个笑话吗？珍妮听了会受到鼓舞吗？

《活出书样》开播早期，我也效仿这种做法。在脑海中设想可能的听众。我最先想到的就是一对善良、幽默的好朋友路易丝和安瓦尔。他们来自不同的种族，取向也截然不同。生活未必尽如人意，但总看到积极面向，两人都未婚，仍相信爱，每周都会见面，一边喝红酒或玛格丽特鸡尾酒，一边收看两人都在追的真人秀节目。播放队列中有 30 多集播客，但你不会把他们视为播客的狂热粉。事实上，他们一两年前才开始收听播客。两人睿智、饱览群书，不喜欢被人说教。上高中时，他们并不是班上的酷孩子中的一员——和我当年一样，他们绝对是我最想相处的伙伴。

虽然路易丝和安瓦尔只是我凭空想象出来的人，但我喜欢他们。我对他们负责，娱乐他们，偶尔我有需要的时候，他们也会出手相助。

举个例子，《活出书样》第一季播出时，我和乔兰塔收到不少听众来信，投诉我们在节目上说脏话。来信的听众说我们"听起来狂妄自大"，认为脏话毁了我们的故事。有听众还把劝诫身边人不要收听我们这档言语粗俗的播客视为己任。

起初，信件内容令我焦虑。我们应该给节目动刀吗？节目开始前警告听众可能会听到露骨的语言起不到效果吗？假设我们憋着不爆粗口，每周就要忍受精神折磨，我和乔兰塔怎么还能做到听起来真诚呢？

这时，路易丝和安瓦尔拯救了我。我想象自己和他们坐在沙发上，一边看《房产兄弟大挑战》(Property Brothers)，一边听他们笑着讨论听众对我们的批评意见。

"如果有本书逼我48小时不吃饭，我也会爆粗。"安瓦尔会一边喝普西哥一边说道。

"我天，我光想想就想疯狂爆粗了。"路易丝会一边帮安瓦尔满上，一边这样回答。

如果他俩认为我和乔兰塔的呈现没问题，那对我来说就够了。

注意：路易丝和安瓦尔是我在制作《活出书样》遇到困境时想到的听众，但并不意味着我只考虑他们。所有听众我都在意。但听众都是哪些人呢？

广义上讲，他们是我在正式会议或者文件上所说的目标听众，即爱自助书之人、恨自助书之人、女权主义者以及喜剧迷。

往小了讲，听众包括：单亲妈妈，和妻子一起收听的丈夫，逐步意识到自己存在种族偏见的白人女性，感觉被其他播客主忽视的有色人种女性，不合群的青少年，不合群的中老年退休人群，听了播客就感觉不那么孤单的安全感缺失的怪人，渴望被爱的人——尤其是渴望自我接纳的人。

所有听众我都在意，并且试着与他们对话，但我也知道仅凭我对着麦克风说的话或者我说话的方式并不总能让他们满意。不过我可以考虑路易丝和安瓦尔。

是时候想想你的理想听众了。你想和谁一起共度时光，或是你想教导谁。至少要比当时我想象路易丝和安瓦尔的时候想得更具体。

接下来，考虑一下：为什么你想象中的听众想听你的播客，不去听收音机、看电视或听其他人的播客？你的播客有什么特殊之处吗？

做《活出书样》的时候，我和乔兰塔觉得我们的播客可以让爱自助书之人听到书中的精华，而恨自助书之人则可以听到更多可以在喝鸡尾酒时"吐槽"的谈资。希望爱看真人秀的听众能有一种新的方式欣赏劲爆故事。我们梦想着能填补在奥普拉·温弗里（Oprah Winfrey）之后还仅存的微小空缺。也希望《活出书样》能让听众找到一方天地，用笑声开始或结束他们的一天。

有一点我们始料未及：对许多听众来说，我们是一种陪伴。听众来信说，我和乔兰塔互相扶持，不带一丝妒忌或是竞争的情绪，如果他们碰巧坐我们隔壁，一定会竖着耳朵偷听。也有其他听众表示我们是他们的虚拟互助小组，因为我们对自己的错误、缺陷、不安全感和成就如此坦诚。甚至有不少听众表示他们将我们视作想象中的朋友——我们认为此番认可是对我们最大的褒奖。

进入下一节前，还有最后一点需要考虑：可能你的理想听众只有你自己。换句话说，你梦想做成的播客可能是你渴望记录的声音日记。如果如此，完全没问题。毕竟，制作播客的冒险旅程中，最重要的还是你自己愿意听这档播客。

美国的播客听众数据

2018 年，爱迪生研究所的播客用户研究显示：

- 70% 的播客听众年龄在 18 到 54 岁之间。
- 男女比率相当。
- 在受教育程度上，播客听众一般而言较非播客听众高。

34%的听众受过研究生教育或有研究生学位,而这一数据在非播客听众中仅为23%。
- 51%的播客听众年收入在7.5万美元(约合52万人民币)到15万美元(约合104万人民币)之间。

3

找准节目的策划方向

我敢打赌,你对自己的播客或多或少有点想法。我问打算做播客的人,他们都有。但多数情况下,他们的想法不是真正意义上的播客想法,而是一个主题。

比方说,最近几年很多人对我说:"我想主持一档关于电影的播客。"

这么说吧,我热爱电影。大学时期我上过好几个小时的电影研究课。我曾搭档主持过一档电影占很大比重的播客。但是"一档关于电影的播客"实在称不上是一档播客。电影只是一个话题。

考虑一下,哪个听着更像切实的想法:

- 关于电影的播客
- 每周,影评人都会采访一位嘉宾,这位嘉宾的人生经历与新上映电影中的人物相同

如果你觉得第二个更像,答对了。事实上,这是我的朋友雷夫·古斯曼最早在 2009 年末想出来的。当时,我是一档公共广

播电台节目的文化制作人。雷夫是和我密切合作的嘉宾之一，是《新闻日报》(*Newsday*)的影评人。

但雷夫不想只做嘉宾。"我想开一档播客，"他告诉我，"而且我有确定的方向。"我觉得他的想法不错。

我们找到公司高层，转达了想法，雷夫做主播，我当制作人。高层同意让我们试着做一集，谈谈几周后就要上映的电影《冻劫》(*Frozen*)。我要澄清一点：那不是里面有会唱歌、会说话的善良雪人的动画片《冰雪奇缘》(*Frozen*)，而是一部惊悚片。影片中，三个好朋友去滑雪，在登山缆车上被困了几天，地上的野狼等着他们跳下来，原因很明显，狼喜欢吃滑雪者。

我去打听了一番，找到一个曾在登山缆车上被困12小时的人。被困几天的嘉宾当然更理想，不过，半天也够久了！他同意接受雷夫的采访。后来，我提前拿到了《冻劫》的影片拷贝，一份寄给嘉宾，我和雷夫一起看了另一份。电影绝对是烂片，但这也让我们对这档播客的未来更感激动。毕竟，烂片不是常常比佳片聊起来更有趣吗？

终于到了录制时间。不幸的是，录下来很无聊。

"被困的12个小时，你做了什么？"

"干等着。"

"你尿裤子了吗？"

"没有，我是尿了，但没尿在裤子上。"

"影片对狼的刻画真实吗？"

"一点也不。"

你能想象当时的场面了吧。

高层并不满意。不过他们有他们的想法："雷夫，克里斯滕，不如你俩搭档主持一档播客吧?"

他们在办公室听过我和雷夫聊电影,我们有分歧,也会大笑,他们喜欢。雷夫喜欢动作片,我喜欢爱情喜剧片,他们觉得这挺好。他们表示如果真有合适的人选碰巧拥有与电影人物类似的经历,我们可以偶尔请嘉宾上节目,但主要还是想听我们每周个性鲜明地点评新电影。

用他们的话说:"这会是一档专注于新上映影片的影评播客,由一男一女两位好朋友共同主持,两人有分歧,但更多的是欢乐。"

《电影约会》因此从纽约公共广播电台起步。持续了6年,过程中,节目不断调整,加入许多其他环节:不只有音频和真人采访,还有明星访谈、电影知识问答,还加了一个为影迷提供音频建议的环节——"电影疗法"。

没错,有人可能会说我们的播客只谈电影。但对任何广告商、公司高层或是媒体来说,我们的播客并非如此简单。回想一下高层当时是如何描述对《电影约会》的愿景的:"这会是一档专注于新上映影片的影评播客,由一男一女两位好朋友共同主持,两人有分歧,但更多的是欢乐。"

甚至一集都不用听,人们就知道这档播客由两人主持,风趣幽默、紧贴当下。同时,描述也很明确地说明这档播客不是什么,我们不聊电影的黄金时代或是影院新闻。我们不是古板的学者在给人上课,也不是两个宅男在聊科幻。

请考虑一下:你的播客内容是什么?

如果你的第一反应是钱,更具体一点("给新人投资者如何入市赚钱的建议。"或者"为打算在40岁退休的人提供切实具体的建议。")。

如果你的第一反应是爱，想想你会侧重于爱情的具体哪一方面（"采访现实中的夫妻，谈谈结婚第一年里遇到的起起伏伏"或"呈现茫然无措的网恋之人所经历的爆笑约会故事"。）。

如果你的第一反应是捕鱼，请考虑捕鱼的具体内容（"和名人一起出海捕鱼，并谈谈我们捕获量最多和最少的一次经历"或"跟着竞技性捕鱼者跑遍全国，记录他获胜得奖的过程"。）。

提醒：这时候，你们可能想洋洋洒洒地写下五大段想法。当作一项练习完全没问题。事实上，我强烈建议你们这么做。大胆地写！

但在此之后，我希望你能将想法浓缩成一两句话，最多三句。这几句话要能解释播客概要，包括其新颖之处。

接着就要习惯把这个概要大声说出来。越干脆越好！开心地说出你的想法。这样你就想好具体的播客内容了。另外，为了之后的营销、推广以及发展，你也要准备好电梯推介，这同等重要。

何为电梯推介

电梯推介（elevator pitch）是一种简洁、干脆、有说服力的游说，可用来推销产品、方案、项目等。你应有能力在与高管同乘电梯的这段时间内将自己的想法介绍出去，电梯推介因此得名。如果你无法在电梯从六楼下到大堂的时间内说动高管，可能你的推介还不够清晰或者不够令人激动（哪怕你的想法很不错）。

4

去对的地方寻找灵感

曾几何时,我梦想着成为下一位伟大的美国小说家,或者是活动家兼诗人,我的老师一次又一次地对我说:"一名伟大的作家必然也是一名伟大的读者。"他们的意思是:创造力并非一条单行道。要想写出好词好句,你得输入好词好句。而且最重要的是,你必须喜欢文字。

好在多数我于近几年见过的(或是从采访报道上读到过的)作家都列出了他们最喜爱的作者,各不相同——艾丽斯·沃克(Alice Walker)、欧内斯特·海明威(Ernest Hemingway)、伍绮诗(Celeste Ng)、加夫列尔·加西亚·马尔克斯(Gabriel García Márquez)、詹姆斯·鲍德温(James Baldwin)、佐拉·尼尔·赫斯顿(Zora Neale Hurston)、卡森·麦卡勒斯(Carson McCullers)、约翰·斯坦贝克(John Steinbeck)、村上春树、伊迪丝·华顿(Edith Wharton)、查蒂·史密斯(Zadie Smith)以及雅阿·吉亚西(Yaa Gyasi)。他们推荐了形形色色数不尽的好作者(所幸我还没遇上读过我在高中时期为文学杂志所写、以五步抑扬格写成的反战主题诗歌的人）。

　　但是换成播客，我发现情况就不同了。近一半向我推介自己播客想法的人都会把以下几档播客作为自己的灵感或者动力来源：《美国生活》(This American Life)、《广播实验室》《罪案纪实》。

　　注意：这三档都是杰出、有大量听众的获奖播客。而且，都是由公共广播电台制作的。

　　这里我要说明：我爱公共广播电台。我（以及其他职业播客主）就是自公共广播电台起步进入音频行业的。公共广播电台节目擅长讲述明晰、动人且制作精良的故事。而且很多之前有过公共广播电台工作经验的播客主会把这些过去的经验有意无意地融入播客的故事叙述中去。

　　但这并不意味着我们就该一窝蜂地去模仿公共广播电台。事实上，我认为你该去他处找灵感。有以下原因：

- 平均每周只有 3000 万人收听公共广播电台。如果想吸引新听众，你不应该关注除公共广播电台外人们在消费的其他媒体，并从中汲取灵感吗？
- 既然有这么多想做播客的人都在试图模仿公共广播电台，你不应该另辟蹊径好让自己脱颖而出吗？
- 做一档和广播节目大不相同的播客，难道听起来不好玩吗？当然好玩！

以下是几档从公共广播电台之外汲取灵感的播客：

- 《行走》(The Walk)：一档由娜奥米·奥尔德曼（Naomi Alderman）主持的沉浸式虚构播客。起初是款由英国国家医疗服务体系出资，游戏公司 Six to Start 开发的健身应用，后被改编成播客。听众作为主人公（代号"行者"），以第一视角冒险，解开悬疑。听众的任务就是将带着秘密情报走路穿越国境，沿途会遇上其他人物与你对话，为你带路，有时会欺骗你。
- 《新型爱情》：一档探索爱情与科技如何交织的播客。主播安德烈娅·西伦齐常去令人意外之处找寻灵感，模糊了虚构与非虚构、窥探与自白之间的边界。节目中会安排视频相亲，听众自愿报名相亲并同意接受录制。对听众来说，这像是在偷听别人如何用约会软件约会。
- 《36问》(*36 Questions*)：节目内容分为三部分，乔纳森·格罗夫（Jonathan Groff）和杰西·谢尔顿（Jessie Shelton）扮演一对已分居的夫妻，互相问对方36问，审视亲密关系中的得失，决定是否继续维持这段关系。节目是只有两名演员的音乐剧，得名于一项设计之初希望能将两个人变得更亲密的真实社会实验。

你还能从哪里找灵感呢？

- YouTube
- Snapchat
- 电子游戏
- 网飞（Netflix）
- 职业体育赛事

灵感无处不在！看看四周，灵感就在杂货铺等待结账的队伍中、在礼拜堂里、在遛狗途中、在参加下一场聚会时。你看到什么给予你灵感？你想在什么事上花更多时间？你会如何将这些灵感变成悦耳的节目呢？

美国人实际在消费什么内容

没错，2017 年，平均每周有 3000 万人收听美国全国公共广播电台的节目（皮尤研究中心，2018 年 6 月 6 日）。但相比之下：

- 电视：美国每家每户每天看电视的时间超过 7 小时 50 分钟（Alexis C. Madrigal，*The Atlantic*，2018 年 5 月 30 日）
- 网飞：全世界有 1.39 亿订阅用户（2019 年 1 月 17 日）
- YouTube：全世界网友每天观看 YouTube 视频时长超过 10 亿小时（Rich McCormick，YouTube 官方博客，2017 年 2 月 27 日）。

5

你有用爱发电的热情吗

读者朋友，我知道你心中满是爱。你爱你的死党，你爱深夜长寿剧《黄金女郎》(*The Golden Girls*)。你爱路上刚走过的柯基犬。毫无疑问你是个充满爱的好人，但你想为一档播客投注多少爱呢？

我这么问，是因为做播客痛苦的一点是很难持续做下去，我想申明（而且会不止一次地申明）：有一件事铁定会让任何播客失败——比设备故障，资金不足或时间不够都严重——缺少爱。

在 Anchor 这类的免费播客托管网站上，只有 16% 的播客发布的节目超过九集（根据播客分析公司 Chartable 在 2018 年的托管数据）。也就是说，多数尝试做播客的人可能选择做非长寿型系列播客，也可能做了九集后就放弃了。

根据这几年想做播客的朋友与我的对话来看，我敢打赌，99% 的情况是后者。这并非因为播客主懒惰或是能力不行。他们大多是聪明人，有趣且勤奋。我认为只做九集就放弃证明了他们对自己的播客缺少爱。

我知道爱不好衡量。我爱上过无数个男人，有在约会软件上认识的，酒吧或是派对上遇到的；但第二天早上醒来就想，我为什么要亲那个男人？他叫什么名字来着？我懂这种感受。

爱有时让人觉得炽烈，但有时也令人觉得稍纵即逝。这正是爱有趣的地方。但你做播客绝不能让爱稍纵即逝。听起来不太性感，但我强烈建议想做播客的朋友把自己的播客看作大学毕业论文，问问自己：我真的足够喜欢这个话题到愿意在我课余时间去研究它、谈论它，做梦都梦到它吗？我足够喜欢它可能取得的成果，愿意长时间为之努力，并在一年后展现我的作品吗？

如果把播客当作毕业论文听起来吓人的话，换个角度想，想想你现在最迷什么？比如：真人秀《贵妇的真实生活》(*The Real Housewives*)，像《贵妇幕后》(*Bitch Sesh*)播客的凯茜·威尔逊（Casey Wilson）和丹妮尔·施耐德（Danielle Schneider）那样；或者你迷美食，像《叉勺》的丹·帕什曼（Dan Pashman）那样。这些播客主都会思考、谈论、梦到相关话题，不管是否在做播客。

无论如何，你的播客得让你着迷，得拨动你的心弦，得是你认为可以一整个周末甚至好几个周末都花时间做的事。这是为你的内心——和你的播客——最基本的付出。

在你继续往下读，学习做好一档播客的时候，请自我审视一番。好好想想你的播客，想想它会如何融入你的生活。理想情况下，你会意识到它比你的毕业论文或是最着迷的爱好要好得多——但愿它更像是你在人道对待动物协会爱上的垂垂老矣的猫：哪怕你分身乏术，你也知道你会花时间陪它；每天回家，你会等不及与它分享你的爱。

[第二章]

写份策划

6

选定体裁

量体裁衣,就是"体裁"。

哈!看懂了吗?

这个双关有点糟,但太好玩了!不过话说回来,想做播客,管你是木材、石材、药材、食材,还是"人材",都得考虑体裁。

电视节目的体裁,或许你已有所耳闻。

- 情景喜剧,如《老友记》(Friends)、《摩登家庭》(Modern Family)、《喜新不厌旧》(Black-ish)
- 刑侦剧,如《犯罪心理》(Criminal Minds)、《法律与秩序》(Law & Order)、《警花拍档》(Cagney & Lacey)
- 游戏节目,如《价格竞猜》(The Price Is Right)、《一掷千金》(Deal or No Deal)、《家庭问答》(Family Feud)
- 每日新闻,如《晚间新闻》(NBC Nightly News)、《瑞秋·梅道秀》(The Rachel Maddow Show)
- 竞技类真人秀,如《单身汉》(The Bachelor)、《超级减肥王》

（*The Biggest Loser*）、《极速前进》（*The Amazing Race*）
- 观察类真人秀，如《与卡戴珊一家同行》（*Keeping Up with the Kardashians*）、《纽约娇妻》（*The Real Housewives of New York City*）

不少体裁也在播客界沿用，但在电视界饱受欢迎的虚构类叙事性体裁，比如刑侦剧和情景喜剧，在播客界尚未收获大量听众。以下是目前播客界最常用的体裁：

- 访谈类：主播每集采访新嘉宾，并抛出与主题相关的问题，如《马克·马龙秀》（*WTF with Marc Maron*）和《苏菲亚·阿莫鲁索的辣妹电台》
- 圆桌类：三位带有个人观点的主播（有时四位，我认为四位太多）进行圆桌讨论，观点偶有分歧，话题与节目主题相关，如《石板》杂志旗下的一档播客《文化漫谈》（*Culture Gabfest*）和《洛维特侃政治》（*Lovett or Leave It*）
- 每日新闻类：主播播报当日新闻，时常穿插记者实地报道或深度报道，如《每日新闻》（*The Daily*）、《新闻直通车》（*Start Here*）和《解读今日》（*Today, Explained*）
- 榜单类：主播（一位或多位）讨论并排出最佳前五榜单，或最糟前五榜单，抑或是一份名单，涵盖主播想"约会，结婚或者让他或她消失"的人，如《前五榜单》（*Top Five*）
- 咨询类：主播（一位或多位）通过听众来信或来电的形式提供咨询建议，如《车载电台》（*Car Talk*）、《亲密关系》（*Dear Prudence*）和《萨维奇聊爱情》（*Savage Lovecast*）
- 复盘类：狂热粉对某一电视节目或播客分集复盘，如《Bravo

台大"吐槽"》(*Watch What Crappens*)、《盘点〈罪案纪实〉》(*Serial Serial*)、《草原小屋座谈会》(*Little House on the Podcast*)和《吉尔莫男孩》(*Gilmore Guys*)

- 分集纪录片：各集故事独立，每集紧紧围绕一个故事展开，包括故事发生经过、冷知识及彩蛋，如《重读历史》
- 分季纪录片：一季一个故事，分集播出，如《肮脏的约翰》(*Dirty John*)、《天堂之门》(*Heaven's Gate*)和《谨记》
- 调查类：主播调查一起或多起案件，铺陈悬念，随着情节推进逐渐就善、恶以及事情真相形成部分结论，如《罪案纪实》、《疑案》(*Mystery Show*)和《失踪的理查德·西蒙斯》(*Missing Richard Simmons*)
- 专题节目类：一集一个主题，每集每个故事都是一部自成一体的纪录片，或是一个采访、一出表演、一次调查，如《美国生活》和《广播实验室》
- 游戏类：嘉宾回答问题、闯关、解谜或玩其他游戏以取胜，如《下一题》(*Ask Me Another*)和《答案我知道！》(*Wait Wait Don't Tell Me*)
- 短故事类：主播讲述一个完整的故事，或者多位主播讲述多篇短故事，故事可以是短篇小说、自白、日记或独白，如《莱瓦尔·伯顿为你读小说》(*Levar Burton Reads*)、《美国全国公共广播电台短篇精选》(*Selected Shorts*)、《蛾》(*The Moth*)和《青春糗事》(*Mortified*)
- 连载小说类：分集讲述一个虚构故事。某些播客会创造一个虚构世界，播报该世界中发生的各种大小事，可无限连载，如《欢迎来到夜谷》(*Welcome to Night Vale*)。另一类则讲述有明

确开头与结尾的完整故事,如《神秘信息》(*The Message*)和《归途》(*Homecoming*)

使用上述体裁的播客(体裁列举并不全)不少已成为业界的佼佼者,但你未必得墨守成规。你不妨自创一类。

比如在《匿名来电》(*Beautiful Stories from Anonymous People*)这档播客里,主持人兼喜剧演员克里斯·吉瑟德(Chris Gethard)每集与一位匿名来电者通话。通话内容各式各样,有大言不惭的自我推销也有凄美动人的自白。节目唯一要求就是主持人不能先挂电话。这属于采访类播客?叙事类播客?真人秀?我认为以上都对,但实际上这却是种全新的体裁。

再比如《万物皆有灵》(*Everything Is Alive*)。每集节目中,主播伊恩·希拉格(Ian Chillag)采访一种无生命物件。这属于采访类,小说类,行为艺术类?以上都不错,但又是种全新的体裁。

或者是《耳边嘈杂》(*Ear Hustle*),这档节目由圣昆汀州立监狱的囚犯厄隆·伍兹(Earlonne Woods,现已出狱)、安特万·威廉姆斯(Antwan Williams)、奈杰尔·普尔(Nigel Poor)制作,节目讲述监狱生活的故事,穿插着个人叙事和对社会正义的看法。这算是真人秀,纪录片,还是调查性新闻?我认为《耳边嘈杂》打通了以上类型,而且范围更广,是一档真正不同凡响的节目。

体裁是没有限制的。选择现有体裁。采用其他媒体中已有的体裁。你自己编一个吧。你真的什么都能做到。我相信你!

故事的重要性

好几年前，我有幸见到希曼·布朗（Himan Brown）本人，他是一名传奇性的音频制作人，曾负责制作《瘦子历险记》(*The Thin Man*)、《密室》(*Inner Sanctum*)、《飞侠哥顿》(*Flash Gordon*)和《至尊神探》(*Dick Tracy*)等经典广播节目。布朗出名的原因很多：他具备与名人共事的能力，其合作对象有格利高里·派克（Gregory Peck）、弗兰克·辛纳屈（Frank Sinatra）、海伦·海丝（Helen Hayes）、奥逊·威尔斯（Orson Welles）等，他是位高产的制作人（70年来他制作了超过3万档节目），令我印象最深的是他坚持认为故事是任何伟大音频节目的核心。我想在此转述他告诉我的话："看看在任何一种文化中成长的孩子，他们会要求身边的大人做什么事？他们会说：'给我讲个故事。'我向你保证，在任何一个地方都是如此。从我们可以用语言沟通时起，人们就渴望故事。我们想听故事，也需要故事。"

无论形式如何，我拜托你将希曼·布朗的箴言印在大脑上。讲故事，不是列事实。用画面感丰富的文字讲述你的故事，不只是罗列数字和日期。将人类情感、经历和动作传达给听众，吸引他们。尽可能地展示给他们，而不是直白地告诉他们。无论你做的是游戏类，新闻类还是调查类播客，满足人们的需求。做一名故事讲述者。

更多相关内容，请参阅第9节《准备讲稿》。

7

搭建结构

恭喜你读到这一节。这是我在开发新播客时最喜欢的环节之一——结构!

你可能心里在犯嘀咕:为什么播客要有结构?这么多我喜欢的播客,都只是搞笑主播在聊天!

但我不同意,我认为没有结构的"打趣拌嘴"并不有趣,尤其是对不认识你们的新听众来说。而且多数情况下,你以为没有结构的播客其实有结构。

举个例子,我和搭档一起主持过一档名为《梅根与哈里的罗曼史:王室婚礼》的播客,总共更新了 6 个月。对英国王室的粉丝来说,这是一场不严肃但有趣的爱情狂欢,节目中詹姆斯·巴尔(白皮肤、红头发的英国人)和我(一名有色人种女性)细致入微地展示这对王室恋人的身份,同时赞美他们的一切。

但你仔细看会发现这档播客并不只是一场配有两位精挑细选出来的主持人的爱情狂欢。它有固定的结构。

每一集开头,我和詹姆斯会介绍自己。之后我们会用简短的梗概——用音频行业的术语来说就是"内容表"（TOC），说明本期节目的内容。比如："今天我们会来聊一聊最近相关的新闻头条，深入解读王室成员过往的离婚事件，并以本周的王室婚礼预测结尾，预测和马有关。"内容表让听众心中有数，也让他们对接下来的节目内容有所期待。

内容表的预热也是节目中的"一幕"。在引入和内容介绍之后，节目会分成三幕：

第一幕：新闻畅聊

我和詹姆斯会念三至五条当周最劲爆、与这对恋人或是婚礼相关的新闻头条。头条内容可能关于当周两人在哪露面，婚礼现场的详细情况或是与两人各自家族相关的八卦。我们利用新闻头条祝福梅根和哈里王子的爱情，同时也会"吐槽"别人，只要对方不认同他俩是目前世上最有影响力的情侣。

第二幕：深入解读

深入解读环节让我们更近距离地讨论涉及梅根、哈里王子或王室的议题。这一周，我们可能会讨论王室家族中种族关系的历史，新娘的饰品或是婚礼上的食物。下一周，我们就会请来哈里王子过去在军队里的好友，梅根的好友，或王室传记作者，这些嘉宾碰巧也是王室的超级粉丝。

第三幕：王室婚礼预测

每集都是以预测婚礼当天的情形结束。可能是猜出席嘉宾——（网球明星）塞雷娜·威廉姆斯（Serena Williams），果然猜中了！或嘉宾出席时是什么状态——（新人的姻妹）皮帕·米德尔顿（Pippa

Middleton）会挺着肚子出席！或新娘届时的妆容打扮——她的发型果然如我们所料。婚礼当天，我们用宾果游戏的形式（输了罚酒）将所有预测与大众共享，全世界有几千名粉丝与我们一起玩。

除了这三幕之外，节目中还有以下结构性元素：

- 音乐：每一幕都有相应的标志性音乐
- 时间：每一集时间控制在25分钟左右
- 曲调：每集曲调都是轻快、唯美，完全不会让人觉得是讽刺的

你可能在想：我不想被这种死板的结构绑住手脚！或者，我觉得这没意义！

请相信我一次：拥抱结构，别痛恨结构。结构就像一张地图，让人知道内容大致如何，让听众有一方舒适天地，让听众有把握（"耶，我就知道！"）同时也给他们惊喜（"天哪，他们变了新花样！"），让你可以预热节目、设置悬念。如果你运气不错有广告赞助商的话，结构也能帮你确定进广告的时机。

注意：《梅根与哈里的罗曼史》的结构是目前最简单的一种。简单不代表不好。但对你来说不一定好。你可能想搭建更复杂的结构，正如我和乔兰塔在《活出书样》中所采用的。

以下是《活出书样》具体的结构：

（1）引入：自我介绍、播客介绍、本周书籍名称

（2）主题曲

（3）本周书籍作者简介

（4）本周书籍概述

（5）具体阐述书中哪些建议我们将效仿

（注意：我们尽量将上述部分囊括在节目开始的6分钟内）

（6）乔兰塔"活出书样"的第一周，包括音频日记（6分钟）

（7）克里斯滕"活出书样"的第一周，包括音频日记（6分钟）

音乐过渡／插播广告

（8）乔兰塔"活出书样"的第二周，包括音频日记（6分钟）

（9）克里斯滕"活出书样"的第二周，包括音频日记（6分钟）

音乐过渡／插播广告

（10）乔兰塔对书的评判（3分钟）

（11）克里斯滕对书的评判（3分钟）

（12）结尾致谢，配有音乐

（13）彩蛋（制作人放在节目末尾的搞笑片段，给我们和听众的惊喜）

《活出书样》做了几季之后，我和乔兰塔就很少想到结构了。这是我们搭建的完美宇宙，让播客可以在其中向好发展。但它并非一开始就如此完美。和卡梅伦·德鲁兹（Cameron Drews）以及总制片人米娅·洛贝尔（Mia Lobel）一起，我们在敲定现行结构前进行了大量尝试，你可能也会如此。我们当时花了几个月的时间才最终确定。

但我们确定后，之后的节目制作就相对容易了。我们知道故事的每一部分位于节目何处，偏离结构时，听众也对我们的改动以及背后的原因一清二楚。

另外，我们的结构让播客具备了业内人士所谓的"钟"（clock）。"钟"列出每一部分持续多久，让节目有节奏。以我们为例，结构帮助我们了解录音需采集多久、故事推进的速度并估计每一集录多久该喊停（大约 40 分钟）。

现在轮到你考虑播客结构了。发挥你的想象力。把它当作打造你理想的家的图纸。这个家你从每个角度看都想住，但它得有梁柱，而且你得先确定每根梁柱置于何处。等到你对结构有了大致想法后，试着录一录。注意哪些部分拖沓，哪些打动人。哪些环节执行时你觉得有趣，哪些觉得无聊？

回到"蓝图"环节，修改结构，多次修改。我向你保证，最终，你会拥有"理想的家"。

8

重视开场

我得向你坦白：试录《活出书样》时，我们的产出很糟糕。拖拖拉拉、磕磕绊绊，听起来一团乱，而这些早期尝试中最糟的部分就是开场。

起初，我们的引入长达 15 分钟，有时更久。我们要自报家门，介绍自己的性格、个人经历、彼此如何相遇以及有何异同，之后再进入本周书籍、分享阅读经历、介绍作者并一五一十地解释书中的人生法则——我们说个没完。有些朋友和同事非常坦诚，告诉我们听这些内容会让人昏昏欲睡。当然，他们想知道大致脉络，但更重要的是，他们想听我们的经历，想听我和乔兰塔如何"活出书样"，而不是聊自助书如何如何。

于是我们对开场进行了调整。几次尝试后，到了首播时，我们成功将所有引入部分，妥帖地浓缩在开场后 5 至 6 分钟以内。引入部分包括介绍自己、书籍、作者以及书中的人生法则等一切内容。

虽然我们是档喜剧类播客，但我们决定以直接、中立的方式呈现引入部分。部分原因是这样一来听众无从得知我们对这本书的态度——盲猜才有意思！还有部分原因是这样不会引起爱自助书之人或恨自助书之人的反感——不能流失任何一类听众！

这听起来可能像是在细枝末节投注大量精力。但我必须告诉你，也请你记在心上：前 5 分钟至关重要。根据 2016 年美国全国公共广播电台一号频道的数据，播客节目往往前 5 分钟会流失 20% 至 35% 的听众。事实上，听众在前 5 分钟就弃听的比例要高于其后任何片段。

虽然花 50 个小时将试播节目的前 5 分钟做得尽善尽美听起来不合逻辑，但我向你保证，这 50 个小时的付出不会白费。

"吐槽"滔滔不绝的开场闲扯

有些主播会犯这样一个错误：开始的十几二十分钟，甚至前半个小时里都在闲聊打趣拉家常。主播之间是好朋友，他们想当然地认为听众也都是好朋友。谁不喜欢和好朋友聊上好几个小时？答案是：新听众。

请允许我进一步解释：

你是否参加过几乎一个人都不认识的派对？可能有个朋友邀请你去她朋友的派对。你准时出席，但你的朋友却要晚到。所以你想尽办法与人攀谈。你走近一圈正在畅谈的陌生人，但没人搭理你。相反，他们只自顾自聊天。你猜测或许烘焙对他们很重要，或者王室成员是个重要话题。但他们不愿意停下来告诉你话题进展到哪里，不欢迎你加入他们的对话。你觉得自己受到了冷落，怀疑自己是不是应该假装不舒服离开派对，溜回家看电视。

对很多新听众来说，听滔滔不绝的开场闲扯就是这种感觉。你们主播玩得很开心，老听众们或许也听得津津有味，但新听众完全不知道你们是谁，你们在聊什么，还会怀疑自己是否不被欢迎参加这场派对。

很简单，保证开场闲扯的简洁。然后想象自己在派对上，有人想加入你们的聊天，你说："嗨，我叫杰夫，这是苏珊，我们刚在聊为什么燕麦葡萄干曲奇是曲奇之王，虽然大家普遍认为巧克力豆曲奇才是。"

闲扯老久却不欢迎你的宾客不是好的主持之道——无论是主持派对还是播客。做一名优秀的主人（我们都知道你是）吧，让每个人都知道自己是受欢迎的！

9

准备讲稿

你迟早会需要讲稿。有时，讲稿在播客筹划或者设想阶段就成型了——讲稿是头脑风暴时必不可少的一部分，对你预估以及反思节目效果也有关键作用。但也有些讲稿要等到节目制作阶段时才成型——在采集完音频材料和完成前期准备之后。但无论如何，我希望你现在就考虑需要何种讲稿以及好的讲稿有什么特点。

对很多播客来说，你只需要最基本的讲稿——或者，更准确说来，一份大纲。举个例子：有一档榜单类播客，我们暂且把这档不存在的播客命名为《本周摔角选手前五》，可能你的大纲只需包含引入部分、五位摔角选手的名单、每个选手对应的两条入选本周榜单的原因，以及最后结语。

另一种只需要大纲的播客是圆桌类播客。比如《石板》杂志的《浪潮》(The Waves)，我有幸客串主持过几次。其大纲通常只包括开场引入、内容表、参与讨论的嘉宾名单、当天的三项议题、每个议题下的要点以及结语。

靠提纲制作出的播客会比有完整讲稿的播客呈现更好的效果。

前者有更多空间自由发挥并制造惊喜，让主播有机会展现个性，进行观点的交锋。而且要写的内容更少！

但这并不意味着不需要策划，可以坐享其成。从某些角度看，如果没有讲稿，你甚至得做更充分的准备，因为大框架内的小细节要靠你填充。这意味着你必须进行大量的前期研究、阅读和摘录；意味着必须在录音前就明确自己的态度以及原因（你总不能在现场临时编出理由解释这几位摔角手本周让你大开眼界的原因，对吧？）；这意味着一旦卡壳，面前没有任何文字提示。

但也有一些播客，准备详细的讲稿是必要的，主播在节目中大部分时间是逐字念稿的。比如：

- 有时效性、主要内容是新闻的播客，无论是硬新闻还是流行文化新闻，比如《今日速报》或《新闻早班车》。这些播客并非只依靠事实；事实会在一天或一周时间内过时，所以确保定期更新事实是重要的。
- 包含外景录音的播客。想想《重读历史》或《疑案》。制作中采集到的所有音频片段，哪些该剪进节目中？音频片段分别讲了什么故事，片段之间你该如何衔接以推进故事发展？切入或切出每段音频时该如何过渡？
- 音频剧类播客、虚构类播客、提前排演好的真人秀播客。
- 讲述具体经验教训或历史的播客，比如《谨记》和《非传统淑女》。这些播客罗列大量事实，有必要准备讲稿以确保所有重要内容都能够准确传达。

让我们逐一分析，我根据不同类型的播客，对我认为最重要的方面提供一些建议。

新闻类播客

遵循新闻业"导言先出"的原则。换句话说,不要一开场先来一段又长又臭、令人摸不着头脑的引入,介绍一个不太重要的故事,还指望着听众跟得上(或者这么说,想跟上你)。相反,用关键故事打头,清晰传达重点,再给听众一些可以联想的细节。也要确保以上信息的出现时间不能早于上一节中提到的内容表!

包含大量外景录音的播客

"根据录音写讲稿"是许多音频业从业人员会用的术语,意思是你要让所采集到的音频片段承担故事讲述的主要角色。许多刚入行的新人一开始先决定他们要讲述的故事,之后写出完整的讲稿,再去采集音频采访片段插入其中,最后阐述观点。这样做顺序就错了。

的确,要讲个故事,你得先有大致方向,但下一步应该去采集讲述故事的音频片段——也就是对话、专家访谈等。音频片段采集完成后,我强烈建议你使用 Trint 等软件将其转写为文字(当然,你多听几遍录音,边听边记笔记,或者亲手转写也行)。之后,通读转写稿和笔记,挑出能清晰阐述你故事的片段,再围绕这些片段写下你的旁白。

音频剧类播客、虚构类播客、提前排演好的真人秀类播客

大胆去做。我的朋友安·赫珀曼(Ann Heppermann)设立了虚构类音频节目萨拉奖(Sarah Awards for Audio Fiction),我想转述一句她的话:"挑战自己对音频的认知方式,拓宽音频节目形态和规则的边界。"播客之美在于无需花重金购置设备或租赁片场,你就可以打造一个全新的宇宙。想想《欢迎来到夜谷》和《归

途》。两档播客都各自打造了独一无二的世界，每个世界有其独有的话语体系，还会发生稀奇古怪的事。

经验教训和历史类播客

我必须一再强调，你不是在展示研究论文，这很重要。你会忍不住列举许多事实、日期、名字等。但请牢记，听众想听的不只是事实。如果只想了解事实，他们可以去查阅百科全书。听众要的是故事。

这正好引出我想传达给所有播客主的一条重要信息，无论你准备写何种讲稿，你的任务是做一名杰出的故事讲述者。表面看来，你仿佛只是在传递信息或是进行对话。但身为播客主，你做的远比这些要多：让听众通过双耳接收到可以直击人心、启迪智慧的信息。你的讲稿应具备这样的特点：为每个你想讲述的故事找到它的闪光点，或创造出闪光点；突出激动人心的部分，强调严肃的部分；让节目打动人心。

贯彻上述原则时，牢记你的讲稿是写来听的，不是用来看的，换句话说，是写给听众而不是读者的。你同时也要为主播考虑，主播动嘴皮子说话，而不动眼珠子看字。很多纸媒记者、学者和作家起初都对此相当头疼（包括我自己）。因为在多数传统创作形式下，文字消费不靠声音。但播客不同。

比如下面这句话："在大学生时期是当地咖啡馆一位受人欢迎的手风琴家和爵士长笛表演艺术家，约翰·史密斯现年 32 岁，进入了一种在 30 岁以上有抱负的音乐家中并不少见的人生新阶段——这一阶段的人追求安稳并无奈地意识到自己会享誉全球身家亿万的可能性不大了。"

试试大声朗读这句话。你要停下来多少次深呼吸?有多少次舌头打结?哪部分听着拖沓?有听着自然的地方吗?

事实是,这句话写在纸媒上没问题,但是在节目中就行不通了。你不仅要考虑听感,还要考虑主播的呼吸方式。也就是说,要尽量写有力的短句。选音节少的词。造句要偏向直白,避免曲里拐弯。

我们试着改写上面这句话,让它更精简有力:"约翰·史密斯是一名手风琴家、爵士长笛表演艺术家,大学生时期,他在当地小有名气。但那已是 10 多年前的事了。他现在 32 岁。和许多在他这个年龄段的音乐家一样,他的重心有所转变。他渴望稳定。与此同时,他在接受这样一个事实:享誉全球、身家万亿没什么可能了。"

是不是好一点了?朗读起来更容易,耳朵听着也不费力。

熟能生巧。上手写,多写点,不断修改。一边写稿一边大声地念。借助讲稿通读(见下文)的机会润色讲稿。哪怕是再在录音室录音时,必要之时停下来,重写听起来不自然或是僵硬的句子(除非你的播客叫作《机器人读诗》——这样的话,可能你追求的效果就是不自然和僵硬)。

最重要的是,确保你的讲稿听着像你并符合你的个性。也就是说,融入你的幽默感、题外话、独有的用词和不寻常的表达。

读者朋友,这是你的播客。让它听着像你。

何为讲稿通读

　　讲稿通读既像排练，又像某集播客的工作坊。多数情况下，主播面前放有一份讲稿，音频片段会在合适的时间点切入。主播通读讲稿、听音频片段的时候，主播（更多情况下整个制作团队）会把可行和不可行的部分分别记录下来——包括清晰度、节奏、音调、拖沓感等。通读结束后大家一般会共享笔记。之后讲稿会被修改，有时会更换新的音频片段。有些音频片段会部分或整段被删。并非每档播客都有时间和团队来做深度的讲稿通读，但有这一环节的播客或多或少效果更好。

10

起个响亮的名字

或许你早就想好播客名称了，又或许你在对内容更有把握之后才开始拟定。

我个人倾向于在后期想名称。因为我认为，要描述某样东西，得先了解我描述的对象，这是重要的（当前语境下"东西"就是播客，你要描述的内容就是播客的名字）。

我相信你心仪的名称很棒。在理想世界中，我会说："你喜欢就好！什么名称都行！"但现实世界并不理想。因此，决定播客名称前，先做以下事情：

- 搜索现有播客。全世界共有超过100万档播客，你打算起的名称可能已被别人抢了先。要确定是否有播客名称与你冲突，在谷歌上搜索，加上关键字"播客"，浏览搜索结果。同时也在苹果原生播客软件和第三方播客软件上进行搜索。如果正好有名称冲突的播客，但已经好几年没有更新了，你用这个名称或许是安全的。但如果相同名称的播客仍在频繁更新或是有其他同名的类似项目或产品，我建议你换个名称，两个原因：一、这一来，你的听众便不会把你的播客与别人的混淆；二、避免潜在的知识产权纠纷（相关法律法规尚未出台，因为播客是相对新兴的媒介，但还是小心为上）。

- 名称要短。十个字长的名称不好记而且不顺口。不仅如此，太长的名称在播客图标（又称播客宣传图、播客封面）上或是苹果的搜索窗口里都不适配。所以要简短、好记且好念。
- 确保名称传达播客内容。最近我听到一档名称和《活出书样》近似的播客，但令人不解的是，节目是关于电影的。我感到困惑。为何与电影相关的播客会在名称上提到书呢？而且这还不是个例。美食播客、电视复盘播客、音乐播客等都出现过类似情况。不要重蹈他们的覆辙。名称起得不清不楚不仅增加了播客推广的难度，还会让真心想听你们实际讨论话题的听众离你们远去。

[第三章]

上手主持

考虑多样性

目前为止我们谈了许多与想法相关的内容。不过我们马上就进入与人相关的章节：主播、嘉宾以及制作人。既然涉及人与人之间的对话以及播客制作，谈谈多样性是绝对有必要的。

我知道"多样性"这个词有时不受人待见。对像我这样的少数族裔来说，它有时会让我们觉得"太好了，我是来代表我整个种族（或性别、宗教，其他身份）的"。而对占社会主导的群体（白人、男性、异性恋等）来说，考虑多样性往好了说可能让他们不自在，往坏了说他们会觉得心力交瘁，纯粹是浪费时间。

但是，相信我，每档播客都需要多样性。原因如下：

- 一支多样化的团队让你们脱颖而出。66%的播客由白人男性做主播。只要有白人男性打算主持一档没有有色人种参与制作的播客，节目中没有女性担任搭档主播或是其他角色，他有可能就落入了多样性缺失的窠臼，或听着就是当前业态的缩影。
- 一支多样化的团队有潜力触及更多听众。记住，美国人口的多数并非白人男性。为何不将其他社会群体以嘉宾、搭档主播或是常驻评论员的形式邀请到节目中，吸引更多听众呢？

- 一支多样化的团队意味着资源更多样。并非每个人都能在举着麦克风的陌生人面前侃侃而谈。当陌生人来自完全不同的世界时，难度就更大了。举个例子，如果你是一名患有卵巢癌的黑人女性，你会想先跑到白人男性面前分享你的故事吗？可能你想。但你也可能更愿意向身份与你有些类似的人打开自己。

- 一支多样化的团队意味着盲区更少。多样性缺乏时，只从一个角度看事情或想当然的可能性更高。举个例子，如果你身处一支只有异性恋的团队，你们的节目主题是婚姻，关于传统上由哪方提出求婚的猜想会不会不适用于同性伴侣？谈论最佳结婚地点时，会不会有盲区而无法考虑到部分地点实际上对同性伴侣不友好？

- 一支多样化的团队意味着你在着力解决问题而非制造问题。这个世界充斥着种族主义、性别歧视主义、恐同情绪以及一大堆丑陋的事物。遗憾的是，很多播客主在无意中（至少我希望是）生产出让丑陋更加根深蒂固的内容。举个例子，有多少次你听一档汇集当今最杰出政治思想家的圆桌讨论类播客，所有嘉宾恰好都是男性？有多少次你听采访当今最杰出演员（或作家、科学家）的播客时，只有白人嘉宾？许多"主流消费者"已对这种错误习以为常，但相信我，还有很多像我这样的人注意到了这一错误，并对此深恶痛绝。

以上我解释了多样性有利于故事叙述和播客发展的部分原因。每当我将这些理由与他人分享时，他们通常点着头说："很有道理!"但之后,很多人会给我反馈,尴尬地向我坦白:"我明白多样性是重要的,但我无论如何也想不到去哪里找多样化的人。"

如果你遇到了同样的情况,我向你保证,这不是个例。这是新闻业界和媒体界的永恒问题。这两个领域几十年来一直以白人男性为主流。一直被有人脉的富人主导。

部分原因是媒体行业中人际关系网很重要。而且人们往往愿意和长得像自己、上过类似的学校、住类似的街区以及"说他们的语言"的人来往。这也使得这个在成型初期就偏好白人以及男性的行业愈发缺少多样性。

也有部分原因在于媒体行业招募新人时,历来采取无薪或低薪实习的形式。这就意味着低收入群体不会从事这些工作。

坦白说,这和我们生活的世界也息息相关,我们的世界依然更信任白人男性,将他们置于叙事中心、将他们推选为长官凌驾于众人之上,从小就教会我们种族歧视和性别歧视。

话虽如此,现实并非无可救药。要招募一支多样化的团队,仍有许多方式!我试举一些:

- 参与少数群体的社交活动或在少数群体的新闻简报上发布职位信息。比如非裔记者协会、拉丁裔记者协会、亚裔记者协会、原住民记者协会、有色人种记者组织(由上述记者协会联合创立)以及南亚裔记者协会。
- 将职位信息发布在公立大学的求职公告栏上。我曾就职的许多媒体组织历来只在精英学校招募新人(藤校以及其他私立大学)。他们认为找来的是最优秀、最聪明的员工,而实际上不过是最富有、最"白"的学生。要找国籍、经济地位、种族和观点真正多样化的大学毕业生，公立学校才是好去处。
- 联系脸谱网社区，询问是否可以将职位信息或嘉宾邀请发布在社区页面上。脸谱网上有成千上万个为有色人种、女性播客从业者、有色人种女性播客从业者、女性媒体从业者打造的社区。
- 寻找所从事职业与播客相近的人，如从事广播电台、电视、纸媒、出版、研究和教育的人。

至于如何邀请多样的嘉宾、专家和声音等上节目，可以参阅由专家汇总的名单。其中包括：

- 布鲁金斯学会（Brookings Institution）的科技界"女性+"名单（Women+ in Tech Sourcelist）
- 女性媒体中心（Women's Media Center）的女性专家名单（SheSource List）
- 《哥伦比亚新闻评论》女性媒体专家、性别酷儿媒体专家，以及有色人种媒体专家公共数据库
- 全国公共广播电台的本周嘉宾名单

最重要的是，多练习我认为在找多样化嘉宾时最重要的一条原则（我希望你牢记这句话）：用谷歌搜索不敢搜的词。

也就是说，如果你主持一档采访全职父亲的播客，你意识到，"不对，过去一个月上节目的父亲都是白人"，那就用谷歌搜索"非裔全职父亲""有色人种父亲"以及其他让你迟疑或者难堪的词。如果你意识到自己这档关于科学的播客一直用白人男性科学家做嘉宾，谷歌搜索"非裔女性物理学家""亚裔宇航员"或"拉丁裔生物学家"。

谷歌搜索这些词，直到它成为习惯。搜索这些词时，你要知道自己是在为自己的播客和这个世界做正确的事。搜索"非裔"、"拉丁裔"和"性少数群体"，因为这些词不会不受人待见，对歧视视而不见或者避而不谈才真应该不受人待见。

我向你保证，这样搜索能满足你一切所需：会跳转出父亲的博客、母亲的博客、职场社交组织、学生组织、官方名单、学校系部、公司、俱乐部以及个人网页。并非所有页面都能让你一发即中——找到你想找的多样化的人，但它们或许是你搜寻更多线索的第一步。

在第 16 节《找到心仪嘉宾》中，我会更详细地为你支着儿，找到优秀的（多样的）嘉宾，敬请期待！

缺乏多样性的播客业

2016 年 1 月，乔西·摩根（Josh Morgan）在石英财经网上刊登了一篇名为"数据证明美国播客业由白人男性主导"的报道。文中列出了一些糟糕的事实。

在调查了苹果原生播客应用上的 1400 档播客后，他发现：

- 至少 85% 有一名白人主播；
- 三分之二（66%）有一名白人男性主播；
- 大约 30% 有一名白人女性主播；
- 只有 18% 的播客有一名非白人主播；

12

专业地主持

追求上进的主播常惭愧、尴尬地对我说:"我好像没有当主播的嗓音。"

我要告诉你的是:你的嗓音绝对适合当主播。不要理会失败者的言辞。他们一辈子都是失败者。

举个现成的例子:我和乔兰塔搭档主持一档饱受欢迎且受人推崇的播客,但我们还是会常常收到评论,要求我收一点口音,让乔兰塔别发气泡音。

我对此的回应是:胡扯。

先说口音:人们来自不同地区,或是不同国家,这是客观事实,不能接受的人统统见鬼去吧。并非每个人都应该听起来像来自纽约或是加利福尼亚州(很大一部分播客主在那里出生)。认为我们应该这么做的听众往往暗中给来自不同地区的人分类,认为来自某些地区的人都是蠢蛋。我蠢吗?不,友善的读者,我不蠢。坦白说,地区口音的魅力不应被这样低估。每出现一位来信抱怨我口音的听众,就有 10 位听众来信说我的口音让他们想到曲奇饼干、他们的祖母和科恩兄弟（Coen Brothers）的电影。

再来说说气泡音。对这个话题我颇有微词。因为在我看来，根本没有气泡音这一说。但喷子不会这么跟你说。他们会在评论栏甚至正式新闻网站上大放厥词。有时他们说气泡音是年轻女性用喉咙后部的低音区发声；或者说这是山谷女孩说话方式的一种糟糕的现代变异；再不留情面一点的话，他们会说这是一个自认为很酷的女孩发出的慵懒、沙哑的声音。往往他们会解释说，气泡音让女性的声音听着粗糙、嘎吱嘎吱响，失去权威感和可信度。无论评论方式如何，他们都坚称气泡音让女性听着蠢蠢的。最重要的是，他们说这让他们再也不想听这个年轻女人说话了。

注意这里的共性：都是对女性声音的批评，尤其是年轻女性。

提醒一下，诸如艾拉·格拉斯（Ira Glass）这样的播客界顶尖男主播都曾表示，那种被拿来指摘女主播的气泡音，其实他们也尝试过——无论是用低音区还是用沙哑的声音说话。但这些男主播从未因此受到批评。事实上，艾拉在《美国生活》的一集名为《自由气泡音》的节目中坦诚，过去几年他收到过上百封听众来信批评故事讲述者的嗓音，每一封都是针对女性的。每一封。

我认为，如果你是一名女性且决定做播客，永远会有"喷子"批评你的嗓音。忽略他们。继续用你美妙的嗓音发声。

既然谈及艾拉·格拉斯，我想借此引出我给所有主播和打算做主播的人的一条最重要的建议。这一节其他内容你可以忘记，但请把这一句印在脑中、记在心上：听起来像你。不是像艾拉·格拉斯，不是像菲比·鲁宾逊（Phoebe Robinson）或特里·格罗斯（Terry Gross）或詹娜·沃瑟姆（Jenna Wortham）。而是你自己。

对许多新手播客主来说，这并不容易。他们有自己最喜欢的播客，想让自己听起来像这些播客的主播。或者，他们意外发现自己潜意识中就在模仿明星主播，专业主播听起来就该那样。

但事实上，模仿的声音就和模仿本身一样：假。无论你多努力，你不可能听着像阿什莉·C. 福特（Ashley C. Ford）或杰德·阿布姆拉德（Jad Abumrad）。你只能听着像你自己。你可以放心，这是件好事。不，这是件大好事。你是独一无二的。你是个巨星。你是这星球上唯一不会抛弃你的人。所以请拥抱自己。享受你独特的口音（如果你有），独有的修辞手法，古怪的幽默感，你的笑声和你特有的、天马行空的观点。

你可能有疑问：咦，主播不应该中立吗？我从不知道我可以表达观点！我的回答是：对卫视新闻或公共广播电台来说，是的。但播客不属于这两者的范畴。播客——哪怕是信息量最大的一类——都是有娱乐性、对话性和陪伴性的。有鉴于此，听众希望主播听起来像人类，有自己的喜好和观点。即使是听起来最中立的播客，主播也有自己热爱的话题——无论是观鸟还是如何成为更幸福的父母。展现你对事物的热爱吧！

说到听着像人类，也就意味着——虽然可能让人不自在——需要微微展现出脆弱一面。我并不是让你在每集节目上都要失声，或是将你与伴侣之间最尴尬的一次争吵放到台面上来。但你没必要刻意隐藏自己的缺点与矛盾——可以是承认自己洗干净的衣服不折起来，或是分享自己在筹划当日节目过程中闹的笑话。如此能减少你与听众的距离感，他们也会知道，你和他们一样，都是真诚美好的人。

我先前说听起来像你是本节最重要的要点，但那并不意味着这是我唯一的建议。做自己的同时，你也可以采纳以下建议：

- 准备充分。在落座对着麦克风之时，你应该已经对节目稿或者大纲，就这些话题你的观点以及话题展开方式了然于胸了。如果准备充分，你听起来会更自信、更放松。

- 热身！录制前做 5 个开合跳。和搭档主播、制作人或和你自己聊两句。跟着最爱的音乐视频一起唱。把你的声音和体力准备好。

- 手边放点水或者花草茶，装在杯盖盖紧的杯子里。不含咖啡因和乳制品的饮料能保持喉咙和嘴巴湿润，不会有痰，不会干燥。用能盖紧杯盖的杯子（比如可循环利用的随行杯），你就无须担心会弄湿电脑、设备或节目稿。

- 将麦克风放置在离嘴巴大约一拳之隔的位置，不要正对着嘴巴，建议微微偏左或偏右。这样可以保证你的声音响亮、清晰，还可以避免喷麦。

- 你跟别人聊天时，别人会经常要求你再说一遍吗？如果是，你可能经常吞音。努力咬字清晰但同时不要矫枉过正，听着僵硬。不要忘了喝水，避免口干舌燥。

- 如果你说话时习惯"嗯""啊"，尽量控制。不然会给后期剪辑带来不小压力。

- 如果你的声音听起来中气不足，想办法让它洪亮些。试试站着录音，开口的时候面带微笑，做些幅度比较大的手部动作。或者换个角度想，是不是正在讨论的话题让你昏昏欲睡，如果是，挑个能让你激动的话题。

- 笑的时候离麦克风稍微远一点。笑声有魔力，但往往也会比说话声音响,所以侧着点笑会让音量更均匀。
- 如果说话时打磕绊了,不要只把磕绊的词重复一遍。把整句话或者整段话重说一遍,这样后期制作比较轻松。
- 如果你思维跳跃,经常转换话题,请尽量克制。跨度比较小的思维跳跃偶尔出现不是问题,但如果你的情况是深吸一口气后,说:"呃……正如我刚才说的……我刚才说什么来着?"那就有问题了。

谢谢你,亚历克斯·约翰逊

10多年在电台直播节目、播客、舞台和电视节目的工作经历,让我现在能坦然接受自己的声音。我经过大量练习并受到相信我的人的持续鼓舞,才能走到现在。这些人中最重要的人之一就是亚历克斯·约翰逊(Alex Johnson)。我曾在公共广播电台节目《知识星球》(*The Takeaway*)担任影评人,需要上节目播音,工作初期我知道我没有"公共广播电台的嗓音"。公共广播电台上的嗓音都是不粗糙且有威信的。主播似乎都没有口音,也不会用特有的修辞手法。在我看来,他们是完美的存在,我与他们相比,就是个业余选手,甚至觉得自己何德何能。但每次我录完节目回到办公桌前,我都会看到桌上会有张亚历克斯写的便利贴(他是节目的数字制作人),上面写着"你很棒!"或"你的声音很悦耳!"

我会回他说谢谢,后来我有机会当面跟他提起这件事。

"亚历克斯,"我说,"每周你都给我加油打气,你人真好。而且的确有用,但我知道我听着不像真正的公共广播节目主播。"

亚历克斯给了我一个大大的微笑。"克里斯滕,我不是在给你加油打气,我说的是事实。的确,你说的没错,你听着和公共广播节目中的任何一个主播都不像。你听着只像你自己,这也正是你出彩的地方。"

听到这番话时,我便对自己在节目上的声音的认识有了改观。之后,我再也没有将别人的声音拿来与自己的比较。我只尽量让声音听起来像我自己。

13

考虑找搭档主播

我喜欢有搭档主播。我喜欢担任搭档主播。目前为止,我做过三档播客的常驻主播——每档我都有一名搭档主播,虽然他们来来去去。

当然,并非每档播客都需要搭档主播。我最喜欢的播客中(注意听,是《草原小屋座谈会》)有些就只有一个主播,照样可以让我狂笑不止。

但让我带你领略一下,与他人搭档主持比单人主持有什么优势。

首先,当中有一人可以作陪衬。文学作品、电影以及其他娱乐形式中,陪衬这个角色是与其他角色唱反调的。

《格雷琴·鲁宾帮你找幸福》上的陪衬就是我最喜欢的例子之一。如果你了解格雷琴·鲁宾,你就知道她是饱受欢迎的作家,著有《幸福计划》(*The Happiness Project*)、《外部秩序,内部平静》(*Outer Order, Inner Calm*)等图书。节目上,针对想变得更幸福的听众,她提出具体建议,教他们改变习惯。格雷琴是个自律的人，严格遵守习惯，经常称自己为"幸福恶霸"。

但格雷琴并非单枪匹马地主持节目。她有一位搭档主播，她的妹妹利兹·克拉夫特（Liz Craft）。利兹是编剧，会公开谈论自己生活中不光鲜的时刻——比如玩《糖果传奇》（Candy Crush）游戏上瘾，好莱坞推介会让她很焦虑，还有她经常把衣服扔在卧室地板上。她有坏习惯，执行格雷琴建议的新习惯时也常有纰漏。

要总结她俩在节目中中扮演的角色的话，格雷琴是幸福大师，而利兹就代表着普通听众。两人一起达到完美的平衡。她俩互作陪衬。

但陪衬关系的意义并不局限于在节目中达成平衡。好的陪衬也应该突出彼此的不同。听到冲突是件有趣的事。不同的观点能吸引人。不妨想想常见的浪漫双人喜剧——两人足够合得来，才能互相吸引。但同时也因为存在不同，才能摩擦出火花。互相问对方刁钻的问题、把对方推出舒适圈、揭对方的短，也让彼此——以及听众——发笑。

找个搭档主播的另一大好处与多样性有关。了解更多关于多样性为何重要的原因，请回看第 11 节《考虑多样性》。

当然，搭档主持的好处不只有多样性、对比、平衡以及更好的听众体验。节目之外也有好处。

我可以摸着良心说，如果肩负着别人的希望，我完成任务的效率会急剧上升，包括撰写此书（感谢我的编辑凯茜·琼斯［Cassie Jones］）、早上起床（和我共事过的人都知道）。我不喜欢让别人失望。需要为别人负责时——具体来说就是为我搭档——我的效率飞涨。

以《活出书样》为例，只要是与播客实际制作无关的事项，我都爱做：提议参考哪些书，拟定制作日程表，在社交媒体上与听众互动。但到了实际制作的时候，如果乔兰塔不需要我，我可能就没动力做了。

因为做这档播客并不容易。我们每两周就要完整读完一本新书，把书中的法则浓缩成五到十条容易理解的建议，遵从书中法则时还要记录私生活，将所有录好的音频搭建成一个故事框架，最后还要去到录音室录制。而且这还只是初版。

这就已经够让人心力交瘁了！我还不用考虑后期剪辑的事！我们能干的制作人会全权负责！

偶尔我就想穿着睡衣，一整天泡在推特上发发可爱动物的表情包。但这时候我就想：这不是我一个人的事业，而且我绝不能让我的搭档失望。我肩负着她的希望，她也肩负着我的。这是我们共同的事业。

找一位搭档主播还有最后一条优点：有趣。这么说吧，对我来说一直是有趣的。因为我的搭档主播除了推着我向目标前进，生活上碰到蠢事时，我们一起大笑，当我倍感压力时，他们会安慰我，他们还教我如何做一位更好的主播，成为更好的人，让我受益匪浅。我把所有现在的、过去的搭档主播当作朋友，哪怕一开始他们只是我受命需要在节目中对谈的另一位有天赋的嘉宾而已。

言至于此，你可能想说："哇，听起来很棒！我觉得我想找个搭档主播！怎么会有人想一个人做播客？"紧接着，你可能又会说："哦不，上哪找搭档主播呢，我毫无头绪。我怎么可能找得到？"别担心，读者朋友。不妨听听我的建议：

- 问问你过去能愉快共事的人——无论是在正式工作场合，志愿者活动，学校项目，礼拜堂还是社区中遇见的。如果你们曾经能愉快共事，很可能将来也可以。
- 找一位工作成果让你欣赏的人做搭档主播。或许你在播客课堂上，播客聚会上或是会议上碰到过一个人，你欣赏他的活力，认为他是行业中的佼佼者。或许有人主持过一档你喜欢的播客，你想试着挑战一下，成为他的搭档主播。不要妄自菲薄。约他们出来，聊聊你的想法。
- 找一位技能和身份与你互补，而非相同的搭档主播。四处看看。我保证他们无处不在。举个例子：如果你是一名自学成才的木匠，想主持一档关于手工艺品的播客，找一位木制工艺品历史学家；如果你是一位喜剧爱好者，想主持一档关于喜剧的播客，找一位会上台讲段子的喜剧演员。
- 不要不敢替换搭档主播，和不同人都试一试。新闻媒体旗下的播客常常会找好几对搭档主播试录，看看哪一对最合拍。你也完全可以这样尝试！一开始就明确地让每位参与试录的主播知道你会和不同的人试录一集，看看和谁一起录效果最好。而且要让他们知道对事不对人，结果只取决于你们在录节目时合不合拍。

14

掌握搭档主持的艺术

我一路走来非常幸运。我从没和任何一位搭档主播"分手"过。我要对我所有的搭档主播致以深深的感激。他们工作刻苦、待人耐心，是一流的专业人士。上节目录音时，他们都做好准备。即使无意中忘记准备，他们也会在节目中遵守"积极赞同"原则。

熟悉即兴喜剧的读者朋友知道，"积极赞同"的原则本质上就是："无论你把话题带向何处，我跟着你走就是了。"举个例子。假设你有一档关于汽车的播客，当天的主题是用极少量的汽油可以让车跑很远，节目第三部分与电动汽车有关。你和搭档主播各自准备了一到两个车款，准备在第三部分谈及。问题是，你原本打算先谈你钟爱的车款丰田普瑞斯。但你的搭档主播却抢先谈起了她最爱的特斯拉。如果你是个任性、不专业的主播，你可能会大喊："我先说！我的车款更好！"或"去你的，你要聊特斯拉的话，我就要聊哥斯拉！"但遵守"积极赞同"原则的主播会先让搭档解释特斯拉，接着一起讨论特斯拉的优缺点，之后再聊丰田普瑞斯。注意：我并不是说你要全盘接受搭档关于特斯拉的看法。那会让节目变得做作、无聊。我是说顺着搭档的话题走。做一名"积极赞同"的主播,不是"不对,要以为我中心"的主播。

很多时候你们得轮流掌舵。不能是你,也不能是搭档滔滔不绝地说。要寻求平衡。

其他让搭档主持行之有效的建议:

- 明确各自的职能,或者说扮演何种"角色"。也即明确自己是信奉派还是怀疑派,自由派还是保守派,严格自律派还是自由灵魂派。举个例子,我和雷夫主持《电影约会》的时候,他是专业的影评人,而我则代表着普通电影爱好者。性格来看,我在节目上很爱笑(以至于遭到部分听众的批评),他则更正经、严肃。

- 确定自己在播客制作环节的职能,如有需要可以调换。举个例子。写《活出书样》的节目稿时,我一般负责撰写全书概述和作者简介以及我自己的个人体验。乔兰塔负责写她的个人体验。书中的法则我们一起写。乔兰塔还负责撰写所有修正稿(即每集节目第二遍录制时需要用的讲稿,包括错误更正以及必要信息的补充)。

- 规划、规划、再规划。录制前想好要讲的内容。提前找好方向。不要到了录制现场还对话题毫无头绪,不清楚自己的职责。如此必将导致冲突。

- 做好分内之事。的确,两人中偶尔会有一方比另一方做出更多贡献,但如果次数多了,怨念会不可避免地加重。想办法解决它!好好聊聊,想想办法把自己的任务完成,或者重新分配各自的任务。

- 对待搭档主播要像伙伴，而不是敌人。也就是说，把自尊先放一放，谈谈哪里行得通、哪里行不通，尽力成就彼此。

15

化解搭档主持的冲突

正如前文所说，我一路走来遇到的搭档主播都让我倍感幸运。他们都是业内的佼佼者，也是普通人。但并非每位主播都能像我一样幸运。我就见过一些搭档主播之间起冲突。

有这样一档播客，男主播——怎么说比较委婉呢？——哦，他就是个精神失常的混蛋。他坚信自己永远是现场最聪明的人，担心其他人会抢了他的风头。节目上，他会打断搭档的采访，提出自己"更好的问题"以及"更正"。节目之外，他指摘自己的搭档，拒绝合作。我想强调，他对不止一位搭档这么做。他短时间内一连换了三个搭档。

这位主播从很多方面看都很不专业。也不把自己的搭档主播看作伙伴，而像敌人一般攻击他们。当然这是个极端的个例。也有其他合不来的情况以更隐晦的方式体现。

举个例子，有些朋友就不适合做搭档主播。我懂，你们是好哥们好闺蜜。世界观一致而且相处时从不感到厌倦！但哪怕播客"只是个爱好"，它也算是门事业。和朋友一起开创事业是有风险的。一方的工作方式把另一方逼疯了怎么办？一方是拖延症晚期患者而另一方不用提醒就把所有工作做完了怎么办？一方总是准时准点，另一方的时间观念较弱怎么办？一方擅长跟钱打交道，另一方在这方面相对薄弱怎么办？

当然，在此我要提醒各位读者，我和朋友（优秀的乔兰塔·格林伯格）搭档主持《活出书样》。但我和乔兰塔并非刚认识就一起搭档主持播客了。几年前，我们是同事，在同一家广播站准点上下班，为同一档电台节目工作。我们先是同事，然后变成朋友，再然后才成为播客搭档，我们了解彼此的优缺点。了解彼此在职场的沟通模式。了解彼此规划工作的方式和时间观念。而且我们知道彼此都喜欢跟对方共事。因此，她第一次邀请我和她一起主持《活出书样》时，我就深信我们能把播客做好。很幸运，事实证明我的信心没错，一次次给我带来惊喜。

决定找搭档主播前，我有以下建议：想想制作播客时所有可能发生的最糟糕的情况，以及你们彼此会如何处理。同时，想想日常需要完成、单调的工作——无论是答复邮件还是进行多轮剪辑。双方都能完成本职工作吗？碰到问题时，搭档是你觉得能进行坦诚对话的那类人吗？你们能共同想出行之有效的解决方案吗？可惜，有时答案是否定的。

也有时候刚开始一切顺利，之后就开始走下坡路。你还记得上文提到的那位自我感觉良好的混蛋吗？与他搭档过的三位主播都没想过他会变成一个彻头彻尾的恶霸。刚开始，他的行为让人也觉得他对搭档很满意。其他曾与别人搭档主持过的朋友也有过类似经历：起初双方共事愉快，但后来制作过程中，让人劳心的环节则将彼此最糟糕的一面暴露无遗。

经历了多番尝试后，你觉得自己和搭档主播合不来，怎么办？

老实说，读者朋友，我觉得你应该退出。

诚然，离开搭档的滋味不好受。就像一瞬间既辞了工作，又丢了梦想。但你考虑一下：

- 如果父母吵架，孩子都能感知到，这你知道吧？听众也一样，哪怕你们想方设法地在节目上表现得很开心。我是从我的个人经历出发。还记得我多次提到的那位变态男主播吗？我曾是他播客的常客之一，有时轮到我跟他对谈时，他会用一种相当居高临下的语调——哪怕我努力地想用幽默和"积极赞同"化解他的言语攻击——以至于听众会来信提问为何他对我如此生气。

- 如果你的朋友变成你的搭档主播，请记得真正的友谊多么难能可贵。世上有无数的人可以与你搭档主持，但有多少可以在深夜拨打的号码，愿意听你分享刚刚经历的一场最美妙的约会或是让你"吐槽"工作中最不顺心的一天呢？

- 如果做这档播客已经失去了乐趣，可能你也做不下去了。能让播客持续下去的唯一动力就是主播或者主播们对播客的爱。不要让它就这么结束，或郑重地告别，别让听众难过。

长话短说，再艰难也要和搭档主播沟通。如果沟通无法得出理想的解决方案继续共事，那就只能走向最艰难的一步——摊牌。我保证，之后你会释然的。

[第四章]

节目录制

16

找到心仪嘉宾

读者朋友,我接下来要说的内容可能听着像是在自我吹嘘,我不否认:邀请嘉宾我是一流的,再荒诞不经的嘉宾我也能邀请到。

想采访圣诞老人,收集一个故事,同时不暴露圣诞老人是否真的存在?交给我吧。

童子军组织以成人同性恋不是"真正的基督徒"为由,声称不允许他们加入组织;你要找一位正好既是童子军团长,又是同性恋的基督徒母亲?包在我身上。

要在美国各处找来一众明星谈谈为何他们来自全美最佳音乐之城?我来帮你。

事实是,上述嘉宾我都在不到三天的时间里就邀请到了:圣诞老人培训学校的一名优秀学生;一位来自美国中西部、信奉基督教的同性恋母亲,她在儿子所在童子军军团骄傲地担任团长;几位在节目中展现家乡自豪感的音乐家,其中有来自底特律的至上女声组合成员玛丽·威尔逊(Mary Wilson)、来自俄克拉何马市的烈焰红唇乐队成员韦恩·科因（Wayne Coyne）和新布鲁克林人瑞吉·沃兹（Reggie Watts）。

有时人们好奇为何我如此擅长邀请嘉宾。简单来说就是我热衷于此。我热衷于寻找过程中要做的侦查工作。热衷于参与寻宝活动，宝藏就是一段绝佳的故事。我喜欢追线索。

我之所以擅长邀请嘉宾，除去我对它的热衷，还有另一个更切实的秘诀：我"骚扰"嘉宾的技能是一绝。换句话说：

- 我会尽可能找到所有能联系到对方的方式，然后一直缠着他们（或是他们助手），到他们快被我吵烦了才罢休。
- 我"骚扰"的对象很多。要找一个嘉宾，我通常会同时联系至少10个对象。

等等！我说得轻巧。要是你连"骚扰"的对象和方式都不知道，怎么办？

首先，你得了解你想讲的故事。以圣诞老人为例，我当时正在制作一个与假期节日相关的小众故事系列，所以我开始在网上疯狂搜索，寻找不为人知的故事。至于童子军的女同性恋团长，我当时正在制作当天的一个主要故事，心里早就打算好用不同于其他媒体的形式讲述这个故事——理想情况下，一种更以人为本的方式。至于音乐家和城市的例子，我一直在探寻一种与美国不同地区的听众互动的方式——我决定采取"虚拟公路旅行"的方式，用一段配乐代表一个城市，并配有一位有名的当地向导。

上述所有邀请都是我在一档每日新闻广播节目担任文化制作人时完成的，因为文化是一个包罗万象的大熔炉，我经手的故事也各有千秋。至于你的播客，我猜内容会更有针对性一些（我希望如此)。

回到如何确定嘉宾名单的问题。你可能会找以下三类嘉宾——故事亲历者、专家和明星。我会分别给出建议。

故事亲历者

行业内,一旦说到"故事亲历者",我们指的就是受到事件影响的人,或是故事主角。故事亲历者有时会被认为在"肤浅的个人故事"中才会出现——尤其是在类似于我制作的讲述圣诞老人培训学校的故事的播客。但我不这么认为。我认为故事亲历者给常人难以理解的故事搭建情境,反映政府政策和国际事件如何影响个体,也凸显出人性。多数情况下,我们都是故事亲历者。可即使故事亲历者无处不在,他们往往是最难邀请来的。以下是几点邀请他们的建议:

- 从朋友、家人以及前同事入手。许多记者就是通过人脉找线人,我自己也用这种方式找到过不少优秀的嘉宾——在社交媒体上发布需求,致电我认识的、在某些群体中人脉广阔的朋友,向我参与的社交小组寻求帮助。但请注意:采用这种方式,你找到的嘉宾可能与你或你的朋友有更多共同点,不一定贴合你想呈现的故事。遗憾的是,大多人际圈并不如人们想的多样化——包括地理位置、种族、阶级、受教育程度、宗教、政治倾向等方面。所以不要过于依赖这种方法。

- 用谷歌搜索不敢搜的词。在考虑多样性那一节我就提过,我再重复一遍:只要输入这些词,你想找的一切都能找到。包括"女同""基督徒"以及其他可能让你觉得在对人定性或妄加分类的词。要带着你这样做实际上是在让某些人被看到、被听到的心态搜索。带着他们对你讲述的故事有益的心态搜索。搜索这些词，相信我：你会找到社会组织、教堂、活动人士小组、母亲写的博客，以及其他产出最佳成果所需的资源。

- 写邮件、打电话，没回应就继续写。可以往别人的私人邮箱、工作邮箱、领英页面、脸谱网页面发送邀请，或是通过填写嘉宾所在组织的"联系我们"表格进行联络。可以致电嘉宾，有时也可以致电能帮你找到嘉宾的人。试试在推特上发私信，如果石沉大海，就发所有人可见的推文。不是说要你变成变态跟踪狂，我的意思是第一种和第二种联系他们的方式未必奏效，可能不够显眼、被归为垃圾邮件或者直接就被忽略了。所以要坚持（当然，也要友善、专业，明确阐述嘉宾上节目能给他们带来什么——或许是让他们触及更多受众，或是让他们用自己的语言讲述自己的故事——但坚持是关键）。

专　家

专家介于"故事亲历者"和"明星"之间。有些专家是名人，有些就是我们在路上能遇见的普通人，但在所在领域却极受尊敬。上网侦察一番，看看你想找的专家属于哪一类。如果你的目标专家更偏向于明星一类，直接参考明星那一板块。如果不是，请继续往下读：

- 如果你有明确人选，而且专家是大学的教职员工、博物馆的馆员、政府办公室的工作人员、公司员工或组织成员，你就走运了。因为专家的联络信息会公布在网上，或者打几个电话都能找到。直接编辑消息联系他们，或者致电他们所在的办公室。如果没有回音，直接联络他们所在机构的公关部门。

- 如果你有明确人选，但专家不属于任何一个机构，开始谷歌搜索吧。他们可能有个人网页、公司网页、推特主页、照片墙主页，以及其他能直接联系到他们的方式。
- 如果你没有明确人选，但有大致方向，想找一名宇航员、物理学家或者教师，谷歌搜索这些词。你或许能检索到每种职业对应的俱乐部、职场社交小组等组织机构。写邮件、打电话，没回应就继续写。

明 星

明星显然是名人，偶尔也有不那么出名的明星。举个例子，我们熟知电影演员和获格莱美奖的音乐家是名人，但有时照片墙或者 YouTube 频道的红人也能算明星。和明星打交道就要做好被经常拒绝的准备。就算他们答应了，也要做好被取消的准备。名人会收到许多媒体采访邀请，有时他们虽然答应了，但之后又可能因为一个更有曝光度的采访机会而反悔。虽然明星不好约，但还是有可能的！我曾在一周不到的时间就邀请到了泰勒·斯威夫特（Taylor Swift），一天内就邀请到了奥运会金牌得主！我是这么做的：

- 多数大牌明星由为数不多的几家老牌经纪公司负责采访接洽，比如创新精英文化经纪公司、威廉·莫里斯奋进娱乐、联合精英经纪公司、典范经纪公司等。用谷歌搜索找到你想联系的明星属于哪家经纪公司。

- 致电经纪公司。接线员会说："创新精英文化经纪公司洛杉矶总部。"你就回复："您好，我是一名记者，我想联络某某明星的经纪人。"接线员会将你的电话转接到经纪人助理。然后你与经纪人助理对话："您好，我是一名记者，想与某某明星的公关负责人联系。"经纪人助理会告诉你公关负责人的姓名和邮箱地址。
- 写邮件给公关负责人。邮件内容要简短，并明确说明为何来上自己的播客对这位明星有益。
- 如果是最近出新书，有新电影上映，或新出了一张专辑的明星，可能他们已经在与媒体对接，接受采访为作品造势了。若真如此，你可以直接联系图书出版商，电影公司或唱片公司的公关部门，明确表述你的来意，也即就新作品采访明星（即使你打算问一些与作品不相关的问题）。
- 有些名人也是慈善家。如果你想聊聊一家由明星担任亲善大使的慈善机构，或讨论明星最近在忙的项目，这种邀约是最容易完成的。与慈善组织的公关团队联系，明确告诉他们，你会为明星塑造一个正面形象。

如何用邮件给心仪嘉宾发送节目邀约

- 主题栏写明"采访邀请",以及其他信息。("举个例子:'诚挚邀请卡莉·马丁内斯接受女性执政话题播客采访。'")
- 邮件正文留给自我介绍和播客介绍。("亲爱的马丁内斯女士,我是马西娅·华盛顿,《明日女性》[①]播客的主播。每期节目中,我会与一名竞选公职的女候选人对谈。")
- 说明采访对方的原因。("您一直以来都关注着第一代美国人的教育,我认为您是《明日女性》的理想嘉宾。许多听众明确希望能找一位正在竞选教育相关公职的嘉宾来聊一聊。")
- 说明采访时间、采访耗时以及连线方式。("我会将采访安排在三月份最后两周的某一天,在美东时间上午11点至下午3点之间——采访只会占用您15分钟的时间,可以用Skype连线。如果可行,深感荣幸。")特别留意时区,因为嘉宾可能在全球各地。
- 留下你自己的联系方式。("您可以回复本邮件,或拨打555-123-4567,告诉我采访安排是否与您的行程冲突。我非常希望您能接受采访。")

---

① 《明日女性》(*Women of Tomorrow*)是一档关于竞选公职的女候选人的播客。曾采访过珍妮·阮(Jenny Nguyen)、谢里·帕特尔(Sherry Patel)和克丽丝特尔·威尔逊(Crystal Wilson)。2018年内,《明日女性》的下载量超过一万次。

- 在签名处可以稍微增添一些播客信息以及你之前采访过的嘉宾，另外也请附上播客网址和社交媒体页面。
- 要懂礼貌！要说"请""谢谢"之类的敬语。
- 要简短！开门见山。如果邮件洋洋洒洒十几句，那就太长了。

整封邮件格式如下：

主题：诚挚邀请卡莉·马丁内斯接受女性执政话题播客采访

亲爱的马丁内斯女士，

我是马西娅·华盛顿，《明日女性》播客的主播。每期节目中，我会与一名竞选公职的女候选人对谈。

您一直以来都关注着第一代美国人的教育，我认为您是《明日女性》的理想嘉宾。许多听众明确希望能找一位正在竞选教育相关公职的嘉宾聊一聊。

我会将采访安排在 3 月份最后两周的某一天，在美东时间上午 11 点至下午 3 点之间——采访只会占用您 15 分钟的时间，可以用 Skype 连线。如果可行，深感荣幸。

您可以回复本邮件，或拨打 555-123-4567，告诉我采访安排是否与您的行程冲突。我非常希望您能接受采访。

感谢您抽空阅读并予以考虑。

致意，

马西娅·华盛顿

《明日女性》主播

电话：555-123-4567

推特／照片墙／脸谱网链接

www.播客网址.com

17

让嘉宾和自己都做好准备

恭喜！之前联络的嘉宾已经回复了你的采访邀约，对方想进一步了解。接下来做什么？

可以做以下工作。

情况一：确定采访安排

有时，你知道无论如何你都想邀请这位嘉宾。你听过对方上其他播客，或在 YouTube 上看过他的视频，知道对方很擅长聊天。你知道自己喜欢他，不想浪费彼此的时间，只想把采访安排定下来。碰上这种情况，立刻回信。表示感谢。敲定采访的具体时间。告知具体地点（比如可能得去录音室），或者连线方式是什么（Skype、电话，或其他方式）。再次告知采访耗时以及你对此次采访的期待。最后再次致谢。

情况二：预采访嘉宾

如果你想多了解对方，定个时间用电话做个预采访。预采访就是一段简短的对话，聊聊采访中会涉及的部分话题。这可以让你确定这位嘉宾是否是呈现故事的最佳人选，他（她）的经历是否契合你想传达的信息，是否能引人入胜地讲述自己的故事。提醒：固然世间众人都有好故事，但并不意味着都擅长讲述自己的故事。

你该如何进行预采访？该说什么，该对预采访有哪些期待呢？

- 介绍你的播客，不只是节目主题，还有基调。如果这是一档用轻松的语气谈论严肃议题的播客，把这一点解释清楚。如果你的播客属于无厘头、荒诞型，也要解释清楚。你的嘉宾应该知道自己上的是何种播客，这样才能尽量给你带来你想要的内容和风格。
- 明确告知对方预采访不录音，只是问几个问题了解嘉宾。
- 尽量简短，最好不超过10分钟。我知道我说过不止一次了，但有时说着容易，做起来难。刚入行时，我在预采访阶段和嘉宾聊得太忘我，导致我无意中和他（她）在电话上聊天的时间比后来实际采访的时间长很多。
- 别把你想问的问题问完了。记住，预采访是个了解嘉宾的机会，但不应该把它变成正式采访。如果问题都提前告诉对方，到了正式采访的时候就没有惊喜了。（当然，有些嘉宾会执意在预采访时提前了解会问的问题；有人不喜欢突如其来的问题，也不明白如果他们提前知道所有问题，他们的谈话会听着很生硬。我的建议是和嘉宾过一遍采访的五个要点，明确告诉他你希望把采访变成一场对话。这么多年，我从未遇到过不愿意合作的嘉宾。）

- 倾听并记笔记。嘉宾的经历与你的节目内容契合吗？对方是否愿意展开讲述自己的故事呢？
- 注意嘉宾的情绪状态。如果嘉宾在预采访时表现得兴趣寥寥、空洞乏味、难以专注，别指望他上了节目就突然性格大变，口若悬河。

如果预采访顺利，你可以在电话上就确定采访安排，之后再发送一封确认邮件，让嘉宾知悉采访当天的所有相关细节。

如果预采访不尽如人意，提前中断并感谢他抽时间接受采访。在预采访结束的 24 小时之内给嘉宾发一封邮件，再次表示感谢，同时致以歉意，因为你决定采取另一种方式更完美地展现故事。如果你与我相像，刚开始发致歉邮件会让你不自在，但相信我，几次之后就习惯了！记住，如果你知道采访无法达到你期望的节目效果，不浪费嘉宾的时间其实对他来说也是件好事。但愿随着你邀请嘉宾越来越上手，越知道哪些嘉宾合适，尴尬的致歉邮件越发越少。

如何写确认邮件

- 主题栏写明"采访确认函"，并附上播客和采访时间的具体信息。（举个例子："采访确认函：《遛狗者俱乐部》[1] 播

---

[1] 《遛狗者俱乐部》（The Dogwalker's Club）是一档由获得过五次"辛辛那提市年度遛狗者"称号的塔米卡·沃克（Tamika Walker）主持的播客。每期节目中，塔米卡与嘉宾对谈，嘉宾包括以遛狗为生之人以及纯粹热衷于遛狗之人。

客，6月2号，美东时间上午11点。")

- 邮件正文感谢嘉宾抽空进行预采访，并对嘉宾能上自己的播客表示激动。("亲爱的道格，非常感谢您刚才愿意花时间与我分享您为明星遛狗的经历。下周您能参与《遛狗者俱乐部》播客的节目录制，我感到非常兴奋。")
- 提醒嘉宾采访的时间、耗时以及连线方式。("请知悉：采访将于6月2号美东时间上午11点进行。采访地点在某某演播室，地址：芝麻街123号。耗时大约25分钟。")
- 告诉嘉宾，有问题可以与你联系。("采访前如果您有任何问题，请直接与我联系，您可回复本邮件或拨打电话：555-123-4567。")
- 再次感谢嘉宾，展现你的积极性。("再次感谢！非常期待下周二的采访！")
- 和采访邀请邮件一样，在签名处稍微增添一些播客信息以及你之前采访过的嘉宾，另外也请附上播客网址和社交媒体页面。

整封邮件格式如下：

主题：采访确认函：《遛狗者俱乐部》播客，6月2号，美东时间上午11点

亲爱的道格，

非常感谢您刚才愿意花时间与我分享您为明星遛狗的经历。下周您能参与《遛狗者俱乐部》播客的节目录制，

我非常兴奋。

  请知悉：采访将于 6 月 2 号美东时间上午 11 点进行。采访地点在某某演播室，地址：芝麻街 123 号。耗时大约 25 分钟。

  采访前如果您有任何问题，请直接与我联系，您可回复本邮件或拨打 555-123-4567。

  再次感谢！非常期待下周二的采访！

致意，

塔米卡·沃克

《遛狗者俱乐部》主播

电话：555-123-4567

推特／照片墙／脸谱网链接

www.播客网址.com

18

架驭访谈

采访或许挺吓人的,至少刚入行时如此。你想抛出问题,但又不想听起来是在问准备好的问题。你希望采访听着自然,但又不想过于自然,变成唠家常,偏离了主题。你希望展现嘉宾最棒、最有趣的角度,也想访问出些在嘉宾意料之外的内容。这些期待会给你带来不小的心理压力。

有些人天生就能让采访顺利进行。比如我几年前共事过的一位名叫萨姆·萨贝尔(Sam Zabell)的主播。萨姆刚大学毕业,在《化繁为简》杂志工作,并且主持该杂志一档名为《成人生活化繁为简》的播客。每期节目中,萨姆请来不同嘉宾,讨论各种话题,包括工作面试、助学贷款、如何对付邋遢室友,以及参加高中同学聚会等。无论采访对象是谁,畅销书作家、明星、投资银行家,或是第一次独立生活的年轻人,她听起来都对嘉宾很感兴趣,而且嘉宾访谈听起来也很有趣。

令人意外的是,萨姆从来不照着节目稿问问题。她会提前写下几点,但很少拿来看。相反,她就纯粹和嘉宾聊天。无论过去还是现在，她是我见过采访嘉宾时最自然的主播。我当时非常崇拜她，现在也是。

读者朋友，我不指望你一对着麦克风，边上坐着一位彻头彻尾的陌生人，就能成为下一个萨姆·萨贝尔。但我相信萨姆成功的秘诀你也有：好奇心。如同萨姆，你对他人以及他们的故事感兴趣。你热衷于向别人学习。认为每当两个人产生联结，这个世界就会好一些。如果你不这么认为，你也不会花这么多气力去采访他们。

除此之外，你还是个优秀的主播。我之所以知道，是因为你已经读了前文涉及主持的那几节。

话虽如此，你还是可以采取一些切实的措施，提升节目效果。具体来说：

- 准备充分。提前了解你的嘉宾。熟悉他的作品、喜好、成就、挫折、成长的地方，以及下一步的目标。读一读嘉宾写的书，看一看出演的电影，或是听一听对方之前接受的采访。不只是了解嘉宾，还要明确你为什么想采访他。如此一来，对话时你会更有信心，更自在。

- 想好最重要的五个你希望嘉宾回答的问题，或者想重点突出的五个问题。很可能你准备的问题不止五个，但如果录制得顺利，采访进行得自然，可能没办法问到所有预先准备好的问题。所以采访时要牢记重点问题，确保问到。

- 让对方觉得受欢迎。感谢嘉宾花时间接受采访。让他知道能与他对话你很高兴。告诉他整档播客的基调。（"我们来聊聊你的第一份工作，随便点，自然点就好。"）提醒嘉宾采访大致耗时。并告知他采访是录音的，不是现场直播，所以他在对话时如果说错话可以改正重说一遍。

- 先问一些轻松愉快的问题。不要一上来就问："你为什么要挪用你管理的那家冰激凌店的钱？"开始先聊聊幕后故事，聊聊冰激凌，聊聊工作。

- 多听，少说。当然，我们知道你是因为好奇才安排采访。但有些主播真的不懂得倾听。我之前共事过的一位主播总是在节目中分享自己的看法和经历，他进行的采访大多是以他为核心，而非嘉宾。不要学这个反面教材。不要让采访以你为中心。让嘉宾分享。仔细倾听嘉宾的话。

- 问题跟进。如果前一个问题嘉宾的回答挺有意思的，不要紧接着就问问题清单上的下一个问题。就上一个回答继续跟进。灵活点。这也能让嘉宾不那么生硬。让采访自然发展。最后总能绕回到你想重点突出的五个问题。

- 向合适的人逼问刁钻的问题。你听过"垒球问题"（softball question）这个术语吗？在新闻界，与直击要害的问题相对的就是这种问题。如果你采访的是政客，总裁，或其他治理世界的公众人物，尽量少问这种不痛不痒的问题，偶尔夹杂这种"垒球问题"可以接受。这种问题会让你听起来不专业，听众听不到真正有趣的内容，他们会暗暗怀疑你是不是不关心真相。举个例子。几年前，一档深夜节目的主播采访一位正在竞选公职的候选人。此前，这位候选人吹嘘自己侵犯女性的经历被人录了下来。但采访中，主播却把重点放在这名政客的日常头发护理和其他无关痛痒的话题上，没有涉及关键问题。这不仅这位主播受到媒体的猛烈抨击，使采访本身也变得无聊透顶。

- 展现嘉宾人性的一面。采访学者、明星以及其他人（多数情况下）时不应该使用采访政客的那套方式。引用一段来自流行杂志的话：听众最想听的就是原来这些人和自己"没有什么不同"。他们有什么不安全感？犯过什么错？最喜欢的老师是谁？在堪萨斯的成长经历中，最喜欢的是什么？与嘉宾建立起平等互信的关系，让他（她）知道可以放心地分享故事，合适的时候和嘉宾一起欢笑，在必要的地方展现出你的同理心。
- 最重要的一点，做你自己。

采访结束后的工作

首先致谢。告诉嘉宾你对他（她）的感谢，感谢他愿意接受采访。之后，发邮件：

再次感谢嘉宾抽时间接受采访。（不，这一步不多余！感谢永远不会说过头！）

告知嘉宾一旦他（她）所参与的节目上线公开，会将链接发送给他。

准备上线前，做好上述工作并且记得发送链接。嘉宾会感谢你，而且如果你拜托他，嘉宾甚至可能愿意将这期节目发在自己的社交媒体上，并且用不同的方式推广你的播客。

19

考虑找制作人

我爱我的各位制作人。我深爱他们。他们尽心尽力地工作，让节目变得好听。如果我把话题带偏或是说话含糊，他们会指出。如果有些部分听起来我像个傻子，他们会剪掉。他们是真正的超级英雄。

卡梅伦·德鲁兹，琳赛·克劳托奇维尔（Lindsey Kratochwill），诺拉·里奇（Nora Ritchie），说的就是你们。

但对我的制作人，我不只是爱这么简单。我很能与他们感同身受。他们的工作难度大，而且往往得不到认可。主播获得各种赞誉，但制作人往往被遗忘。因为我也做过制作人，我懂。我一生中制作过十几档播客——曾有一度，我同时制作六七档播客——有的主播会特意感谢我，认可我的付出，并在每期节目中向我致谢，但也有些主播不会这么做。

所以首先，我想提醒你：向制作人致以最深的谢意，不然我会对你非常非常失望。

如果你能做到这点，接下来我们来谈谈令多数新手播客主头疼的问题：制作人到底需要做什么？

长话短说：除了主持什么都做（虽然有时制作人也要为主播代班）。

以下是我做制作人时负责过的，以及我的制作人为我做的主要任务。

- 设计播客制作日程表
- 报原创选题
- 邀请并预采访特别嘉宾
- 以主播的口吻撰写内容翔实的节目稿
- 嘉宾主播连线
- 欢迎并招待嘉宾
- 录制节目时负责技术问题监督
- 指导节目录制
- 针对故事、连贯性和声音设计剪辑节目
- 注意第一版中的问题，监督修正版中是否已予修正
- 第二次（有时需要第三、第四、第五次）剪辑
- 撰写单集节目介绍和标题，要足够吸睛，让听众点击
- 通过托管及发布平台上线节目
- 跟进广告文案和广告投放时间的动态
- 设计符合广告主要求、能打动人心的广告
- 社交媒体推广
- 安排主播去友台串台
- 设计包括节目、新闻稿、简介等在内的播客网页
- 在社交媒体上与听众互动
- 制作直播节目

当然，制作人的工作远不止于此！他们也让团队成员保持冷静，提供建设性建议，发送许多邮件和感谢信，主持一系列会议，主管实地拍摄，外景录音，偶尔还要管理预算。

我喜欢做音频制作人。有趣，有创造性。总有五花八门的事要做，而且我喜欢与播客制作环节中涉及的所有人打交道。

但这份工作的难度也是难以想象的，不光是有些主播可能不把你当回事。同时处理许多事项还要把事情做好是有挑战性的。有些环节是极其枯燥的（每个制作人的喜好不同）。

如果是刚起步，或许你已经知道制作人的职责了——因为你已经在做制作人的工作了。我也是如此。我与雷夫·古斯曼搭档主持《电影约会》时，我就是主播兼制作人。多数情况下，我喜欢身兼这两职。我喜欢参与到播客制作每一个环节的感觉。也喜欢邀请嘉宾，把对话时自己听起来不自然的地方剪掉。

雷夫欣赏我的付出，也经常对我表示谢意，但他也不止一次地表示希望另找一位制作人。"想象一下，如果你能专心主持，让别人做这些杂事，多好？"这里的杂事指的是偏题的时候提醒我们，帮助我们顺着结构走。同时，因为录音里不是自己的声音，制作人可以大刀阔斧地剪辑。

事实是，当时我们没钱请制作人。偶尔会有实习生帮我们剪辑，但不会指导节目录制，邀请嘉宾或其他工作。而且因为没有参与播客所有环节的制作，他们从没有尽全力工作。没有制作人也挺好，很小一部分原因是我还有其他考量。我没有完全准备好把播客控制权拱手让给他人。

但是，从后见之明来看，我完全同意雷夫所说，我们应该另找一位制作人。我们的播客不错，环节有趣，也有知名嘉宾，最重要的是，我和搭档在节目上很合得来。但如果当时有另外一个人能给我们提出建议，改正我们的错误，播客能做得更好。

《电影约会》完结后不到一年，我就意识到了这一点，当时我和乔兰塔一起为 Panoply 播客公司开发《活出书样》这档播客，是"Panoply 新播客项目"的一部分。项目本质上是场比赛。公司挑出四个播客想法，播客主将想法变成播客进行试播，听众票选出的最受欢迎播客将由公司负责制作，完整做完一季。

项目受到了广泛关注，显然，公司希望四档试播播客都能出彩。播客制作时，公司高层不仅偶尔会提供建议，还为每档播客指定了一名制作人。我们分到的制作人就是优秀的卡梅伦·德鲁兹。另外还有出色的米娅·洛贝尔和劳拉·迈耶（Laura Mayer）分别担任所有试播播客的总制作人和执行制作人。

与一支专业的制作团队共事改变了我的人生。卡梅伦听得十分细致，能察觉出我和乔兰塔对着麦克风说话时有何不同（如果你要一边主持一边指导节目录制，并不总能轻易发现），也能指出我和乔兰塔分享个人经历时的不连贯之处。与此同时，米娅和劳拉从第一天起就在着手解决结构问题，不断地思考如何利用最初的 5 分钟（详见第 7 节和第 8 节）。

即使是经验最老到的主播兼制作人（我指的是我本人）也能从他人处获益匪浅。这支专业的制作团队听到的内容比我和乔兰塔要多，聆听节目时也不会带着自我意识和偏见。

接下来是我的建议：

- 播客制作的每个环节都去学一学。制作人的经历让我成为更好的主播，主播的经历也让我成为更好的制作人。了解机器的每个零部件，哪里出了问题你就都能修理，你也可以防微杜渐，避免问题出现。举个例子：负责制作时，如果你要剪掉无数个嗯啊，等你主持时就会尽量克制；做主播时，如果碰到读起来生硬的节目稿，等你做制作人的时候就能写出更高质量的节目稿。

- 找一位你负担得起的制作人。可以在许多地方找到他们，比如独立音频人协会等网站、音频人邮件群发系统、脸谱网播客社区、大学媒体系等。有的制作人擅长邀请嘉宾，写节目稿，但不擅长技术活，比如与嘉宾连线、操控设备；有的声音设计水平高超，但你的节目或许不需要叮叮当当的配乐。我的建议是了解哪些环节你需要帮助，就找来能帮上忙的制作人，让对方试着制作几集试试效果。如果有一两个环节需要制作人帮忙，就让他（她）负责剪辑，因为这个任务最耗时，同时也让制作人指导录制——因为在录音室有一个直言不讳的人能大大提升节目效果。

- 但如果你负担不起一名制作人（哪怕你负担得起）也一定要向别人寻求反馈——不只是向你的搭档主播。更多内容，请详见下一节！

创作者与管理者

"我负责创作，不负责管理！"

找到制作人之前，我经常说这句话。我这么说是因为所有事项我都想自己操持。因为我是个控制狂。最重要的是，我想在每个可能的地方有创意。我不觉得管事有创意。

后来，我遇见了萨姆·丁曼（Sam Dingman），《家族幽魂》（*Family Ghosts*）播客的主播和发起人。他喜欢管事，他也正好擅长管事，多亏了他对我的鼓励，不然我可能永远都不愿意做管理者。他说过一段精彩的话（与原话有出入）："打造和管理一个团队也是一种创意艺术。并不止于后勤，你还要想办法鼓舞团队成员加足马力，并且用有创意的方式让不同的人一起共事。团队一心时，你和所有成员就能释放出之前你从未意识到的创造力。"萨姆说得不错：管理也是一种创造，播客制作的每一环其实都有创意。

20

向对的人寻求反馈

读者朋友，到目前为止，我和许多音乐家，不少艺术家和几个单口喜剧演员约会过，我必须告诉你：通常，给他们反馈意见可不好玩。欣赏他们的乐队东施效颦地演奏挪威死亡金属乐非常无趣。艺术家的作品太丑，挂在狗窝我都嫌尴尬，但我却和这样的人接吻，真让人沮丧。无趣的人费尽心机想变有趣，我甚至无法想象世上会有人愿意花钱听他们讲段子，看他们的表演对体力也是一大挑战。

多数情况下，我会尽量不受他们的艺术作品影响，谈恋爱总归是和人谈。可对事不对人并不容易。有时我会被拖着去参加他们的活动。有时我会尽量扮演一名称职的女友，去听他们的演奏会，参加开展仪式，看喜剧演出或是交互式玩偶剧。活动结束后，他们会问："你觉得怎么样？"

你喜欢这个人，但不喜欢他的作品，怎么给评价？通常都是用些空洞的话搪塞过去，比如："你做到了！""你实现了梦想，为你感到高兴！""为你感到骄傲！"或"你绝对是最棒的。"

我懂，我都懂。这种客套话没有建设性意义，也无助于你周围的创意工作者进行创作，但我真心认为，当能与你交心的人就他们的作品向你寻求反馈意见的时候，他们想听的就是肯定和赞美。

所以征求意见反馈时，我有一大原则：别找爱你的人。也就是说，你的孩子、母亲、伴侣——所有人。别让他们读节目稿。别拜托他们来录制现场。千万别让他们干坐着听你录节目，你还得努力点头微笑看着他们。

请别去麻烦他们。

言至于此，我理解你可能要说："等等！每集《活出书样》不都有你丈夫参与制作吗？一边说着不要麻烦亲近的人，一边自己又这么操作，怎么解释？"

原因就是，即使他参与播客制作，但我亲爱的丈夫迪安并不听节目。他说为了表示支持，听过第一季的几集，但说实话，我不太相信他听过。

事实是，我也不想让他听。刚开始跟他约会的时候，我就直截了当地告诉他："听我主持、客串主持、采访或者制作的播客不是你的工作。你有自己的工作，跟音频没有关系。而且你也有爱好，就是跟我亲热。我不想让你变成我的'粉丝'，当然，我也绝不想你成为'喷子'。我希望你做我的男友就好。"

说清楚了这点，接下来，我们来解决实际问题：如果不能找亲近的人要反馈，那该找谁？

首先，问问你自己

节目经过剪辑并发布后，你可以一分钟一分钟地精听，同时记笔记。播放到 3 分钟的时候，内容冲击力是不是变弱了？记下来。播放到 7 分钟时，第 5 分钟时开始讲述的故事现在还没结束，是不是太啰嗦了？记下来。除了不足之处，效果好的部分也要记下来。

如有搭档主播、制作人或其他嘉宾，请所有团队成员精听节目

根据自身安排收听节目，记下不自然的部分，笨重拖沓的部分，让人大笑的部分或是让人深有同感的部分。之后，通过邮件把笔记分享给所有成员，分享自己关于改进节目效果的意见建议。下一集上线后重复同样的工作，每集上线都安排团队精听并提供反馈。

询问你的听众

每集节目都告诉听众欢迎他们提供反馈建议。问问他们希望哪些部分篇幅增加，哪些减少？希望主播今后涉及哪些话题？期待的嘉宾？告诉听众你的联系方式，让他们给你反馈。

加入播客俱乐部

很多城市都有播客俱乐部，你也可以自己组织一个。俱乐部中，满怀梦想的播客制作者分享自己的作品，为彼此提供建议，也能收到针对未完结播客的反馈意见。类似于所有的俱乐部，加入后，成员们希望你不只是从别人那里获得反馈，同时也要给别人反馈——我保证，给别人反馈也可以让你成为更好的播客制作者。

上 课

社区中心、艺术组织和学校有开音频制作课程，价格合理。如果你资金充足，就去上课——不仅能精进自己的技能，还能同时收获一个有老师和同学的交际圈，可以给彼此提供反馈。

> **理想团队中要有一名律师吗**
>
> 多数播客人觉得团队只要包括搭档主播、制作人、嘉宾，以及一些可信赖、能给反馈意见的人就够了。但也有一些认为需要再加一个成员才能开始制作：律师。毕竟，律师更了解知识产权——比如播客名称的所有权，或用于播客制作的材料（比如音乐，在第五章中我会细讲）。如果你想让播客加入某个播客网络或者从中独立出来（我将在第六章中进一步阐述），律师就能帮上忙。在涉及比较棘手的领域，比如真实犯罪故事时，最好也能咨询律师。和许多播客界的同仁一样，我也和一位律师聊过，我们都觉得与律师聊聊是有助益的。
>
> 如果你打算雇一名律师，但毫无头绪，让播客界同仁向你推荐一些律师资源，并挑几个聊聊。初次咨询，许多律师是不收费的，这也能让你有机会搞清楚他们是否真的适合你，能满足你的需求。另外还有一个好处：如果经朋友推荐，很多律师的咨询费还能给你打折。

[第五章]

技术装备

21

实际需要的设备

进入本节内容前,我想重申本书开篇时的说明:这不是一本技术指南。没错,我会提到几种品牌,但不会为任何一种背书。我会告诉你我认为你需要的设备,但不会详细地教你如何使用每款设备。要学习设备和软件使用,我强烈建议你当面请教别人,或者观看真人实操型、非讲解型的教学视频。

这一点解释清楚之后,我接下来要说的内容,软件零售商、设备测评网站,或设备商可都不希望你知道:大多兜售给新手播客主的软件、设备并非做一档好播客之必需。

我认为,几件设备(包括一台电脑)就能做出一档音质不错的播客:

- 一支像样的麦克风(如果有搭档主播就两支,采访嘉宾时就再加一支)。没错,我说像样的。不需要顶尖的,也不用贵的,而是像样的。因为麦克风的品质到了一定水平,差异可忽略不计。所以没必要为了麦克风破费。买支像样的就行。另外还得容易上手。对于新手,可以直接插在电脑上的USB麦克风就比较友好，另外再配一个防喷罩（套在麦克风上的一个小防护罩，可减少喷麦）。

- 耳机。你会想知道对着话筒自己的声音如何，不戴耳机监听达不到效果。不戴耳机你就不知道自己是不是离麦克风太远，手有没有撞到麦克风，桌子有没有震动。后期剪辑时，你也需要耳机让你能听得更仔细——包括不带耳机你可能听不到的鼻息。

- 录音和剪辑软件。Adobe Audition，库乐队和Audacity在新手播客主中较受欢迎。我个人喜欢在Hindenburg中剪辑。曾经用过DAVID。业界同侪大多钟情Pro Tools。此题没有标准答案，但我强烈建议你不要一开始就购买学习成本很高或者价格昂贵的软件。

- 便携式录音设备（非必需）。便携式XLR录音设备让你随时随地多轨录制高质量音频。也即如果你有两到三支麦克风，连接在设备上的麦克风会录下独立的音频文件。XLR录音设备需搭配XLR接口的麦克风（不同于上文提到的USB接口的麦克风）、内存卡（设备会将所有音轨储存在内存卡中，后期你用内存卡就可将文件轻松导出到电脑上）和许多5号电池使用。热门品牌包括Zoom、马兰士和松下。我喜欢便携式XLR录音设备，但提醒你：这可能价值不菲——原装出厂可能要价100至500美元不等。

除此之外，还需要一样我认为最重要的东西：一个安静的空间。即使你配备了再先进的麦克风、录音设备和剪辑软件，也不可能在吵闹，回声严重的录音环境中录出高质量的节目。

当然，你知道有很多原因会导致房间吵闹：街上的噪音、你的邻居、头顶飞过的飞机、交通、野生动物、洗碗机、家里其他成员等。

比较鲜为人知的是回声的成因，这是很多播客都有的问题。许多播客主误以为是麦克风质量不过关。也有一些认为是录音设备出了问题。但事实上，回声音效大多都是由于声音在坚硬表面反弹导致的。坚硬表面包括墙壁、地板、天花板、窗户、写字台、桌子以及电脑主机。

意识到这一问题之后，为了减少回声，有些播客主就去买了几十平米、价格不菲的隔音板（有时你能在琴行的墙上看到这玩意儿）。或者有些播客主把所有录音设备搬去了录音室。

我个人喜欢在录音室中录音。录音室听起来不错。录音室里都装好了隔音板。也有人手在那帮你。但是不少刚起步的播客主负担不起这笔费用。有时，录音室每小时收费超过200美金。

我认为，我们大多数人家里就有一个效果堪比录音室的地方：衣柜。里面挂着的各种衣服就能起到隔音板的效果。衣柜能隔绝背景噪音，因为一般不设窗户也不朝向大街。不仅如此，还没有东西让你分心！

可是，如果你有搭档主播怎么办？有嘉宾呢？衣柜真能充当录音室吗？如果你家的衣柜都超级小呢？

若真如此，我建议你试试表面柔软的小房间。举个例子，厨房不行，试试有窗帘、很多毛毯和地毯的小卧室（记得要把盖被挂起来，遮住衣柜和房门）。如果你有一间盖着地毯的书房，也不妨试试。家具、书籍以及地毯都可以吸收声音（也可以试试盖被这个窍门）。

就算你找的地方不如专业录音室美观、高端，不要紧。我在卧室、书房和衣柜里都接受过采访。最终我只关心自己听起来效果如何，你也应如是。

22

采访形式

在第 16 节中，或许你已经留意到嘉宾邀请函中有这样的内容"采访地点在某某演播室"或者"可以用 Skype 连线"。

理想情况下，我希望所有采访都应该在奥普拉·温弗瑞的哈普娱乐集团旗下的录音室，以面对面的形式进行。可惜，我和奥普拉不熟，而且几家芝加哥的录音室好几年前就拆除了。

所以请允许我详细解释其他你可采用的采访形式，以及各自的利弊：

- 邀请嘉宾来你的录音室。优点：是你的大本营，设备已经完善。另外，你能面对面采访嘉宾，不需要考虑连线出错的可能性。缺点：如果嘉宾住的地方离录音室很远，这就行不通。而且，即使嘉宾住在附近，他们也不一定愿意去感觉不是特别正规的录音室。正如我在上一章所说，很多嘉宾（包括我自己）不介意。但大牌一些的嘉宾可能更倾向于其他方式。
- 租一间双方都方便去的录音室。租到一间录音室，你就能获得一间安静的房间、高档的麦克风和耳机、录制完的音频文件，通常还有工程师在现场监督录制。优点：嘉宾会觉得采访过程专业，你无须担心采访时可能出现技术问题，音质也出色。缺点：租录音室成本高，只有你和嘉宾住得不算太远才能用这一方式。

- 带着你的便携式录音设备、麦克风和耳机去找嘉宾。还记得我在上一节提到的 XLR 便携式录音设备吗？它就像是你的随身录音室。你可以带去任何地方。优点：嘉宾无须出门，你带的录音设备音质也还算不错。缺点：你无法控制任何背景噪音。如果你去到嘉宾的家或办公室，你的声音可能被各种生活中的噪音盖过：电话铃声、聊着天经过的人发出的噪音等。另外，嘉宾可能住得太远，这一方式也就行不通了。

- 你和嘉宾同步录音。我讨厌"同步录音"这个说法，因为听起来技术性太强，让人望而却步。但事实是，同步录音本质上就是用花哨的方式表述你和嘉宾各自录音，同时语音通话进行交流。懂了吗？不是通话录音。而是双方各自录自己的原声。有时，主播向嘉宾寄送一支 USB 麦克风插在电脑上用于采访，采访结束后寄回。采访开始时，嘉宾点击 QuickTime、库乐队，或 Sound Recorder 等软件上的录制按钮。采访完成，结束录制，保存文件，用邮件把录音发给你，你就可以进行剪辑，并且将它和你自己的录音拼接。好处：音质好，前提是嘉宾家里还算安静。而且，双方都无需出门。缺点：许多嘉宾不太懂技术或者对这种方式不放心。

- 同步录音时找制作人帮忙。因为多数嘉宾对录制自己的声音不熟练，而且自身也不是播客主，标准的同步录音操作方式是临时雇一名住在嘉宾家不远的制作人，由制作人带着便携式录音设备、耳机和麦克风去找嘉宾。主播致电嘉宾，制作人把麦克风举到嘉宾嘴边。主播对着麦克风说话，制作人把嘉宾的声音录下来。优点：音质好。前提是嘉宾家或办公室是安静的。嘉宾住在哪就不重要了，只要附近能找到制作人就行。缺点：制作人要价不菲，时薪通常在150美元。

- 同步录音，嘉宾在录音室，你在自己的大本营。这是第二和第五种方式的结合体。你租好一间录音室让嘉宾去。录音室的工程师会帮嘉宾把设备调试好，并负责录音。你用电话与嘉宾连线，同时对着麦克风录下自己的声音。优点：音质好。缺点：成本高。

- 用Skype。打Skype联系嘉宾，由你负责全程录音。Skype不理想，但通常音质比打电话好。优点：大多数人都方便用Skype。缺点：嘉宾声音的音质可能时好时坏。

- 打电话。这是我连线嘉宾时最不得已才会采取的方法。电话录音在播客上听着效果很糟，很多听众一听到音质很糟的电话录音就按下停止播放的按键。所以，除非万不得已，否则不要采取这个方式。如果你真的要打电话，用座机，不要用手机，尽量让电话录音缩短在采访的一小部分。我认为，只有一种情况可以用手机：你在新闻现场采访，又没有其他联络嘉宾的方式。举个例子，我在制作2010年海地大地震的故事时，手机是唯一的选项，但（幸好）是极端个例。优点：每个人都有手机。缺点：音质很差。

除了上述方法，还有诸如ipDTL和Report-IT这样的网络或者手机应用连线方式可以模拟录音室效果。自己去研究，因为每个方式都各有利弊，也会不断更新迭代，我不能给每种方式下定论。

这听起来可能会让你手忙脚乱，但你没问题的！

23

做一名优秀剪辑师

准备好扮演万能神了吗？可得准备好，因为是时候在音频世界呼风唤雨了！或者不那么戏剧化地说，现在是时候坐到电脑前，导入源音频，切分、合并音轨了。

现在，你应该已经确定了要用的剪辑软件。或许你就是用这款软件录制了播客。录制时，或许你把自己、搭档主播、嘉宾分别录在不同音轨上。这意味着剪辑更轻松，节目效果更好。不过即使你没有分开录，也并非就是世界末日，前提是你做的是一档形式直接的访谈类播客，不是花样多、形式复杂的播客。

提醒：本书开篇我就提到我不会详细解释如何操作市面上的软件。我真心认为向他人请教要好得多。我特别感谢纽约公共电台的同事乔尔·迈耶（Joel Meyer）、吉姆·科尔根（Jim Colgan）和杰伊·考伊特（Jay Cowit），是你们为我打开剪辑软件的大门。其次，我推荐教学视频。我不推荐书——无论是我写的（这种书我也不打算写）还是别人写的。

但是，我的确有适合所有播客从业者的剪辑参考建议。请看：

- 考虑把所有源音频转写为文字稿——如果你做的是一档纪录片型播客，这尤为有益。文字稿让你更容易地找到录音中的高光时刻，剪辑初期还能帮你了解节目大致走向。你可以使用 Trint 之类的数字软件或者找人工转写。

- 故事第一，细节第二。许多刚入行的播客从业者往往一打开软件就先去排查咳嗽声、嗯啊声以及其他想剪掉的、嘴巴发出的奇怪声响。但是，刚上手剪辑时，我强烈建议你把这些恼人的噪声放一放，先着眼于大局。将录音完整地听一遍，问问自己：所有录音中，哪些支撑着你想讲的故事，哪些没有？哪些内容传达得明晰，哪些听着令人困惑、不连贯？能否重新排列录音顺序，传达一个更出彩的故事？先扪心自问一番，带着思考去剪带子。

- 关注内心与直觉之所向。如果某一段音频给你带来喜怒哀乐，保留。如果能让你大笑，让你痛哭，让你更好理解嘉宾身处的困境，请善加利用。同理，如果进入到某一段，注意力开始涣散，你开小差了，那就要当心。如果对你来说内容都拖泥带水——你是对这档播客倾注最多心血的人——对听众来说肯定更是如此。

- 避免过度剪辑，曲解嘉宾原意，不可断章取义。别扭曲他们的经历或观点，把嘉宾剪成另一个人。尽可能让他们听起来是在展现最真实的自己。

- 删减无关的闲扯。有时你为了和搭档进入录制状态，或者为了和嘉宾熟络起来，你会扯一大堆和节目、听众都没有任何关系的内容。有时，哪怕计划得再好，偶尔还是会偏题。在剪辑时就把这些剪掉。我不管录制闲聊时是否有趣。删去这些不和谐的噪音至关重要。我向你保证,没有噪音的交响乐更悦耳。

- 删减所有杂音,包括咳嗽声、喷嚏声、咽口水声、嘉宾撞到麦克风的声音、笔敲桌子的声音,以及其他没有意料到的背景噪音。

- 删减大部分嗯啊声以及缀词,但别全剪。有时你或者嘉宾很喜欢说"嗯""啊""然后"这样的缀词,你甚至想把整段录音都扔了。千万不要!这些不必要又烦人的杂音大部分可以剪掉,但不要不分青红皂白全都剪。如果和下一个词连得很近,糊音了,这个词可以不删。举个英文中的例子,like 中的 K 音在英语中常常会和另一个词连读。(I was, like, up all night 听起来像是 I was lie-cup all night),也就是说,如果把 like 剪了,你可能不小心就会把下一个词的音给剪掉一些。听起来就会非常不自然。如果是正在努力连接两个听起来不是特别连贯的短语或者句子时用了"嗯""啊",可以保留一些。留几个"嗯""啊"连贯处会自然一些。

- 剪辑不要生硬。剪辑归剪辑,别影响到人们说话的自然节奏和音调。不要把一句话剪成半句,糊弄听众让人以为这句话结束了。不要把不同节奏的两段内容拼接在一起,除非你不想让听众听你的播客。注意讲者声音上扬、下沉、逐渐兴奋、逐渐平静之处——确保你删减、拆分、拼接的内容与讲者原本的讲述方式相符。

- 注意鼻息。不能只有吸气声,没有呼气声,采访的两部分进行拼接时,不要让你或者嘉宾听着像是连续进行了两次不自然的呼吸,或是连着吸或者呼了两次气。

- 保持音量大小稳定。我希望你录音时麦克风装对了,也用正确的方式对着它说话。但即便如此,你可能还是会录下喷麦声、大笑声以及有时可能说话声太轻。将声音均衡处理。当然,要把不同音轨设置成相同音量,这样你、搭档和嘉宾就像是用同一音量在说话(如果你分别录制了音轨)或者在后期制作时手动将音轨进行均衡处理(如果都录在同一个音轨)。

- 善用音乐。不要太响。对话前后以及对话时都不要放太久。如果节目以音乐开场,放3到5秒,铺垫完了就可以让听众听到你的声音了。听众爱听音乐,但也很容易厌倦,而且,他们是为了听你说话,不是听音乐。另外,如果有主题曲,不要超过30秒。
- 保存,保存,保存。无时无刻都要记得保存文件。剪辑工作繁琐,修修剪剪四个小时以后,还没保存文件突然项目就崩溃了,鲜有比这更让剪辑师心碎的事了。

最后两点,大家应该已经心知肚明。

除了上述几点,你还可以通过剪辑让自己更擅长主持、邀请嘉宾以及技术操作。剪辑时,你会经历尴尬的时刻。会听到糟糕的音质,因为你没有把麦克风与嘉宾之间的距离调整好。会意识到在预采访时还马马虎虎的嘉宾的确是世界上语调最平的人。会懊恼为什么问题不再问得清楚些,念稿时不再有感情些。正如前文所说,你会听到嗯啊声以及缀词。别不把它们当回事,也别以为剪了这些就万事大吉。把它们写下来,让它们指导你,在下次邀请嘉宾,为嘉宾设置设备,采访,写稿,读稿时做得更好。最终,当你回首往期播客,你会为取得的收获和进步而惊喜。

最后当然是要享受剪辑。这是件需要创造力的活儿,让你在声音世界中随心所欲。让你以其他艺术或手艺无法实现的方式打造不同的世界，讲述不同的故事。享受这种能力，并善加利用，制作出真正动人的节目。

最糟心的一次忘记保存文件的经历

　　大学的最后一周，母亲和外婆见证了我人生中最严重的情绪崩溃之一。当时我刚在二手电脑上（我的第一台电脑，几个月前用我做服务员的薪水在车库旧物甩卖中淘来的）写完我的毕业论文。就在我洋洋得意地为本科生涯的最后一份学术成果按下保存之时，电脑突然黑屏。"该死，"我确定我爆粗话了，甚至更甚。我试着重启电脑，开不了机。我再试。再一次。最后，我由最初的恐惧变成开始生闷气。"我要去外面抽一整包烟。"我如是对母亲和外婆说，她们都对吸烟深恶痛绝。但她俩都没有想阻止我。半小时后，朋友戴夫来了。我不确定是不是我妈或是外婆打电话给他让他来安慰我，还是他原本就有计划来作客。无论如何，他来了，到了晚上，事情就逐渐好转。戴夫摆弄了一番我的电脑，最后帮我恢复了一半多的论文。但后半部分还是得重写一遍。我熬了个通宵写，最后踩着截止日期提交。

　　为什么我要在这本播客书里详细回忆大四写论文时的遭遇呢？读者朋友，这次教训再惨痛，也没有剪辑播客忘记保存来的难受。后者难受很多。

　　因为毕业论文出错只会影响到我，但换成播客就会影响到成千上万（有时好几万）听众。剪辑事故会影响到播客忠实听众，他们听到节目的时间要滞后——甚至更糟，因为我无意中将半成品当作最终版导出，他们就听到了心目中最佳播客的一个混乱版本。还会影响到团队其他勤勉工作的同事，以及相信我能尽全力剪出精彩节目的主播，我会过意不去。

　　说了这么多，就是希望你保存文件。尽早、频繁保存。检查你保存的内容，完工前再最后检查一遍。你会感谢自己这么做的。

24

学习使用音视频片段等素材

读者朋友，我真诚希望你做的不是档音乐类播客。如果是音乐类播客，很可能3秒钟左右之后，你就会把这本书扔进垃圾堆烧了，然后咒骂我。因为我要让你别做音乐类播客。

你没看错：不要做。不要策划做音乐类播客。不要再花心力想着做音乐类播客。因为所有你爱听的歌——每首歌词你能倒背如流的歌、最知名40位艺术家的歌、美国公告牌排行榜前100位明星的歌、独立唱作人的歌、R&B风格最畅销的歌——基本上每一首都有使用限制。

如果你有志成为一名音乐类播客主播，我知道你会说："但是，不也有其他播客，像《音乐爆炸者》(*Song Exploder*)、《坏了的唱片》(*Broken Record*)、《流行金曲》(*Hit Parade*)在讨论音乐历史和音乐产业吗？它们为什么可以成功？它们每集都放几十首歌曲片段，也没人投诉它们！"

你说的没错。的确有大获成功的音乐类播客，讲述着优秀的音乐故事，也没被处罚。它们不仅在做，还做得风生水起。但我告诉你一个秘密：多数情况下，这些播客背靠大型组织——一般是新闻媒体公司——有专门的法务部研究知识产权法，与唱片公司深入沟通并与艺术家签订协议。这些是个例，并不多见。

我姑且假定你的播客没有专设法务部的大型组织撑腰。我敢打赌，一旦被控盗用音乐或其他违法行为，巨额罚款能让你破产。我猜，一旦你的播客因为违反知识产权法而被强制下架，你会心碎。我不想看到你心碎，也不想看到你身无分文。所以别做音乐类播客。

但或许和绝大多数播客从业者一样，你根本没兴趣做音乐类播客。前文洋洋洒洒说了一通，可能你早就不耐烦了："我只想在节目中放几首我喜欢的歌渲染气氛！我只想用我最喜欢的歌手演唱的我最爱的一首歌来做节目主题曲。我不做音乐类播客！"

读者朋友，抱歉，用不了。你没有音乐版权。而且你还不在节目上讨论这首曲子，不提到歌手。你这样就把音乐当成了背景。别这么做。或许你有很小的概率侥幸躲过监管。但别忘了你有可能被起诉侵权。而且，你真的想做贼吗？你显然不想。

好吧，我一直在扫兴，接下来说些正向的：并非所有音乐都有使用限制。事实上，有几万首合法、高质量，多数情况下无须版权费的歌曲供你挑选。有播客从业者将这些歌曲称为"播客保险歌曲"。

"播客保险歌曲"的使用许可必须说明该歌曲可免费用于播客。有时，你可能要花一番心思调查才能发现是否真正可用。有时，因为是公共领域作品，所以不言自明。大多创用CC许可下的音乐都可以放心大胆地在播客中使用。但是，提醒你：这类音乐大多不是你或者听友熟知的大众歌曲。如果你想用最爱的披头士（Beatles）、大卫·鲍伊（David Bowie）或芭芭拉·史翠珊（Barbra Streisand）的歌，恐怕没这等好事。

还有音乐库，包括 Epidemic、AudioJungle、Marmoset、Warner / Chappell 等。每个音乐库都有几千首歌，有的听起来就像普通音乐素材，有的则与你最爱的 40 首金曲惊人地相似。有些音乐库你可以买一首歌花一首歌的钱，有些你得花钱成为会员订阅，还有的就是完全免费。但是，提醒你：哪怕是在这些音乐库中，保险起见，最好能阅读附属细则，与相关负责人聊聊。

如果你想在节目中使用原创主题曲或者原创音乐，你可以找一名作曲家。多数情况下，你要付钱给作曲家，但偶尔，作曲家或艺术家愿意免费为你谱曲，只要你在每集节目中向他致谢，并在节目后记（show notes）中附上其个人网址。无论你和作曲家以何种方式合作，都要用白纸黑字写下来。这样一来，如果你和身兼男朋友的作曲家分道扬镳（我在某个还算大牌的节目中见过这个情况），或者你出名了之后，作曲家想要在下一个项目拿更高的创作费（这才合理），你可以拿出凭据，也可以作为参考，修改作曲家的创作费。

说完音乐，来说说我认为会让你开心很多的话题：电影。电影片段和预告片有一点好：制片厂的宣发团队会分享电影片段和预告片，明确希望媒体能使用这些视频片段助力影片推广。所以主创为新电影接受娱乐节目采访时，你会看到电影片段循环播放。这也是为什么你可以在各种 YouTube 频道和播客上看到（或听到）同一部预告片的原因。如果要评论，或者详细聊聊电影，你可以放心大胆地使用这些片段和预告片。如果你想更专业些，联系这部电影的宣发代表，索要 EPK 物料（包括电影片段、预告片、导演与演员的访谈等）。电视节目也是一样的操作。

  尽管如此，还记得我说的不要用最喜欢的音乐做背景吗？电影和电视节目片段也是同理：它们不是用来佐证你的观点或者调节气氛的。正因如此，你不能随便剪入《大青蛙布偶秀》中的科米蛙和猪小姐桥段来展现你对女朋友的爱，也不能用《BJ 单身日记》中女主角穿着内衣一个人边哭边唱的场景来表现自己多孤单。电影片段不是让你用来表现你的情绪或者辅助情感表达的。它们是让你用来谈论、嘲讽、拆解或赞扬的。所以请善加利用。

  最后聊聊诗歌、书籍以及其他纸质作品：和音乐一样，许多文献是公共领域作品，意味着你可以在节目中朗读。多数创用 CC 许可下的纸质作品也是保险的，可以用在节目中。只要获得版权所有者允许，你都可以无虞使用。某些特殊情况下——比如文学批评——从文本中抽一两行读可能就侵害他人权益了。所有上述情况都要提及书名以及作者，不确定时，咨询律师。

25

确定最佳时长

关于时长，我和乔兰塔不止一次被问到为什么《活出书样》不把节目拉得更长？有听众表示很喜欢我们的陪伴，希望能有更多的时间和我们在一起，不止40分钟。他们真这么想吗？

许多研究调查发现大多听众偏好时长为20到40分钟的播客。因为听众听播客时手头上的主要任务平均耗时20到40分钟：锻炼、通勤、早晨洗漱、做家务、做晚餐。我也有另一套理论，因为听众生下来就开始看电视，这个时长受人欢迎与电视息息相关（一档半小时长的电视喜剧节目剪掉广告是20分钟，1小时长的电视剧剪掉广告是40分钟）。

或许你会想，不对啊，《我最爱的连环杀手故事》有时一集将近1.5个小时，还有很多播客都这么长。没错，但是成功的播客中，长时长的并不多见。通常，时长较长的节目是注水的，节奏拖沓，不紧凑。而一旦拖沓，新听众很难快速理解（老听众也可能会弃听）。

反过来看，你或许也会想，咦，《副业学校》每集不到6分钟！《幸福一点点》只有两分钟！短播客才是好播客！的确，短播客可以有趣，短时间内带来美的享受。有很多我喜欢的短播客。但是，我要提醒你：短时长的节目往往更难吸引广告主（因为，坦白讲，如果广告时长和一集节目一样长，对听众来说是一种奇怪的体验）。当然，如果你不打算找赞助商，那没问题！

而且，我碰到过几十档又臭又长的播客，内容不着边际，像是有人在发表没完没了的演讲，听着一点也不愉快——而我认为时长短的节目则完全没有这些问题。

我的建议是，上线初期控制时长在20分钟左右。之后你总有机会拉长时长，刚起步时短一点为佳。为什么呢？

- 在你需要全权负责时，短播客管理起来较为容易。想象一下，和大多数播客主一样，你要负责节目稿撰写、主持、邀请嘉宾、剪辑。你真的想写一篇50页的节目稿吗？真的想录制并剪辑一段两小时的音频吗？不，你当然不想。这样一天天、一周周地过去，对单枪匹马的你来说压力太大了。你会崩溃的。
- 培养你的时间观念。一旦给自己设了时间限制，录音的时候你就不容易没完没了，离题偏题。你制作出的节目更紧凑、不拖泥带水、节奏感更强。几年前，我听过的对短播客的无上赞美是"这是档精彩的播客，因为每个字都精雕细琢"。让你的播客也能如此出彩。每个字都能精雕细琢。

其他播客时长几何

根据 2018 年 1000 万集播客节目的数据，太平洋内容公司发现播客时长中位数在 38 至 42 分钟之间。

而平均时长实际上要更短一点，前提是除去以下四类播客：电子游戏、其他游戏、游戏和爱好（没错，我发现有很多种表述"游戏"的方式）、音乐。太平洋内容的研究发现上述四种类别下的播客平均时长在 60 至 75 分钟之间。

时长最短的播客属于语言课程类、教育类、培训类以及儿童类，每集不超过 20 分钟。

26

了解听众所爱

与新手播客主聊完播客制作的基本内容后,我有时会得到这样的反应:"嘿!你的建议似乎有很多回旋余地。你一直告诉我应该做自己,找一个自己感兴趣的话题,用我自己的声音讲述。但是否有内容是受所有听众喜爱且每个播客主都应该做的呢?"

千人千面,每位听众各有不同。有的听众希望 24 小时都听英国广播公司,也有听众只爱听他们最喜爱的真人秀节目播出后的复盘。

但是我要告诉你一个秘密:无论你的播客是跟着怪物卡车司机去冒险还是分享全职爸爸的秘密家庭整理技巧,事实上,有些内容是几乎所有听众都热衷的。比如:

- 知识干货。听众喜欢听他们所消费内容的结论和经验总结,满足他们!
- 真性情的主播。许多主播呈现事实——但是最出色的主播会通过讲述个人经历、缺点和糗事展现自己。听众能与主播共情。听众希望主播是常人,而非完人。

- 兼具可预测性和意外惊喜。此前提及的结构在这就能派上用场。听众喜欢能预测节目内容的感觉，但他们同样喜欢主播能不按常理出牌，偏离结构。主播的个性也同理。听众希望主播能坚持做自己，但同时也希望主播偶尔能表达不同寻常的观点并展现不为人知的性格。

我所列出的能迎合所有听众的元素很可能你听了会感到很不屑。在课堂、会议上分享的时候，我收到过很多冷眼。

举个例子，喜剧演员会问："我为什么要给听众知识干货？我不就是为了娱乐大众吗？我又不是全国公共广播电台！"相信我，我并不想让你变成全国公共广播电台。但如果你能让听众学到新内容或者从不同的角度看待世界，他们对你和你的播客会有更深的感情。比如《每日秀》（The Daily Show），既是一档讽刺脱口秀节目又是一档播客。每一集以幽默诙谐的形式呈现时事——但内容远不止于此：节目呈现了特雷弗·诺亚（Trevor Noah）鲜明的个人观点，以及制作人对当今世界是非曲直的取向。

至于真性情，教授（总裁以及工程师）对我说过："嘿，我是位受人敬重的学者／总裁／工程师，我只想与普罗大众分享我关于13世纪农村鞋贩／季度收益／结构支承的知识！我为什么要展现自己脆弱的一面？"

在我看来，学者也是人。比如《重述历史》的主播，优秀的马尔科姆·格拉德威尔。表面上看，他的播客似乎每一集都只是用稍微不同的视角解读历史，但仔细看，你会发现更丰富的内涵：其实节目在通过他的视角看待世界——他是两名学者的儿子、有一半牙买加血统的加拿大人、体育迷、音乐迷，并坦承自己是控制狂（他曾在一集名为《今夜你是否孤单？》[*Are You Lonesome Tonight?*] 的节目中如是评价自己，感兴趣的读者可以进一步了解）。《重述历史》展现了一个人的偏执和特质。

而关于让播客兼具可预测性和意外惊喜，和小孩玩躲猫猫就明白了。小孩知道你会蒙住自己的脸，之后又会把脸露出来。这就是连贯性。而惊喜就在于你会把脸从哪儿、在什么时候露出来。可能脸露出来时是用手托着下巴？还是双手放在耳边？停顿 3 秒之后再露出来，还是马上就露出来呢？大多数人与小孩并无二致。更多关于可预测性和意外惊喜的内容，请回看关于体裁和结构的第 6 节和第 7 节。

27

了解听众所恶

读者朋友，我全身上下都是正能量，很少有负能量。所以我真的不想就生活或播客事业的糟糕面过多着墨。但我也认为展现生活的阴暗面能避免我们堕入黑暗——无论是厌女症还是给你的播客做出不当的决策。没错，有些错误常会引起大多听众反感。其中包括：

- 音质差。音量大小波动剧烈，背景有噪音，回声重（说明这档播客是由几个不上心的业余播客人在车库里录的）都是音频质量不高的表现。
- 加工过度。无论是音乐、"实景"声（叫鸟声、车引擎震颤声、锅里汤的沸腾声），还是回响音效，都是过犹不及。
- 播客基调、质量以及更新时间不固定。
- 对听众缺少共情。共情意味着不能只是自说自话，发表个人观点。要与听众沟通。

当然，还有其他问题听众也不喜欢：太多费解的段子，突然安静、过多自我推销——不胜枚举。但我最常碰到的令听众反感的错误就是以上四个。我们一个个地分析。

音质差

音质差很倒人胃口，这句话我再重复多少次也不为过。听播客时，听觉是唯一被调动的感官。视觉能辅助的程度有限。没有你扑到慈祥的祖母怀里的画面，也没有在烤箱中烤香蕉面包的气味，听播客时只有耳朵参与。播客只涉及听众和声音，所以声音必须呈现最佳效果。

我理解，这并不容易。有时录音环境不如预期安静。或许无意中你对着话筒讲话的方式不对，又或者嘉宾都只能在路上通过移动电话接受采访。或许你没有时间均衡音频。但是，回忆一下，你有多少次听到一档音质特别差的播客后，马上打电话给朋友，向他强烈推荐："你一定要去听这档音质超烂的播客！"我猜答案一次都没有。别让你的播客沦为想象中的蹩脚播客。你和听众值得更好的播客。

加工过度

特效有时候是有趣的。一档用原创音乐引出每一部分，或者偶尔用音效暗示"听众热线现已开放"的播客，试问谁不喜欢？但一旦过了头，特效很快便从好玩变成烦人，最后完全就令人糟心了。想想早上人们开车上班时听的杂谈类播客，口无遮拦的主持人在歌曲和广告之间用夹杂着牛颈铃、门铃、笑声音轨、电视主题曲片段和小军鼓的搞笑段子吸引你的注意力。特效每次只会播放几分钟，所以人们才觉得可以接受。但如果整个40分钟的节目中你都用类似手段，一般听众可能就会开始觉得神志不清了。

并不是说所有特效都不好。像《广播实验室》这样的播客就通过音效创造出一个完整、沉浸式的世界。但沉浸式音频与加工过度、随意堆砌音效的播客之间存在界限。所以使用铃铛和哨子时要深思熟虑。不要每隔20秒就用音效。别每次一有人说到尴尬的事就插一段DJ刮盘音效。绝对不能让音乐和特效占据节目时长的一半及以上。

不固定

不固定是另一个播客从业者常犯的错误，而对很多听众来说，这是一个大忌。它可以展现在很多方面，包括结构、主持团队、节目更新。

先说结构，你可能觉得我在白费口舌，但我可不是在开玩笑。播客需要有从一而终的形态结构，不只是随意地侃大山。考虑一下，听众要想听人侃大山，何必来听播客呢。现实世界中这样的地方多的是：咖啡厅、公车上、街角。有人的地方就能听到。让播客变成他们逃离现实世界的港湾，而不是需要咬牙忍受的烦恼。

至于主持团队不固定，设想一下，你听了一档播客，过去四周是莉萨和琼主持的。这四周，两位女主播之间气氛很好，你很喜欢，而且你也觉得自己和每位主播都有共鸣。但是，如果节目组决定更换主播，琼被换成莎梅亚，莉萨被换成克拉丽斯，你还想每周追这档播客吗？我猜你不会。

还有节目更新。新入行的播客从业者勤勤恳恳，刚把节目制作完就想迫不及待地发布，也不管当天是周几，上一集是何时发布的。如果听众习惯收听日更、周更、双周更或者在固定时间更新的播客，他们会感到困惑、沮丧。最终，因为更新时间是随机的，他们很可能就对播客失去兴趣，转而追其他播客去了。我会在下一节更深入地讨论。

对听众缺少共情

许多主播都喜欢自己的声音，毕竟自己的声音怎么可能不好听？我重复过多次，你的嗓音是上天给你的礼物。但如果使用方式不对，对打算听你播客的听众来说可能就是场噩梦。设身处地地为他们想想。你是在自说自话，发表个人观点，还是意识到另一头的听众将耳朵借你，在收听你的播客呢？进入播客世界，每集节目需要你为听众定时定位呢，还是默认他们没有你也不会迷失。如果你是一名普通听众，你的播客你自己愿意听吗？想想你的听众。告诉他们你在意他们，感激他们，你倾听他们的声音，一如他们倾听你的声音。在节目中回复他们的来信。将听众的反馈融入广告，就像格雷琴·鲁宾的《格雷琴·鲁宾帮你找幸福》；将听众与话题的独特关系作为整集节目的中心，像丹·帕许曼的《叉勺》。你不这么做的话，播客千千万，他们可能就会"弃暗投明"，转去听在意他们的主播主持的播客。

[第六章]

发布变现

28

确定更新时间和频率

亲爱的读者，很快就要临近那美妙时刻——上线这档美好、风趣、古怪、独特的播客了。但在此之前，还有几项工作尚未完成。首先我们谈谈更新时间。

相关理论很多，莫衷一是。有人会告诉你每周更新集数越多越好。也有人会说更新时间不重要，因为听众收听时间不固定。我的看法是：别管这些建议。相反，你应该考虑何种形式你力之所及并能长期坚持。

听众想知道何时能听到播客，一如想知道最爱的电视节目每周何时播出，最爱的体育赛事每个赛季何时开始转播。所以不光是哪一天播出，具体的时间点也要考虑。

对听众来说这有多重要呢？

举个例子，几年前，《石板》杂志饱受欢迎的圆桌讨论播客《政治漫谈》(*Political Gabfest*)迟了一天更新。不是迟了几天，也不是几周，而只是一天。不久，听众就开始联络节目组，有人感到困惑，有人担心是不是出了问题，也有人直接就大发脾气。

其中有一位听众是深夜电视节目主持人,他表示自己策划节目时离不开这档播客。他就是史蒂芬·科尔伯特(Stephen Colbert),他口中的节目就是《科尔伯特报告》(The Colbert Report)。

当然,这是极端个例。并非所有播客都会因为晚更新一天就有名人写信抱怨。但只要是有忠实听众的播客就要注意,一旦节目没有按计划更新,听众就会意识到。

我的建议是(又回到前文提到的"考虑何种形式你力之所及"):先开始制作节目。一旦试播集制作完成(耗时肯定比往后更新的节目要长),看看之后的三集耗时如何。每集耗时两天?两周?制定一张规律的、你可以坚持下来的写稿 / 主持 / 剪辑日程表。敲定制作日程表之后,你就可以确定更新时间了(另外,准备几集备用,以防突然生病或其他突发情况)。

但是,提醒各位:不要好高骛远。没错,的确有播客每周更新几次,甚至日更,但你的播客没必要跟着走,哪怕制作前四集时你仍有余力。

但反过来说,更新得太慢也不行。如果你的播客是月更,或者双月更,老听友可能就把你忘了,新听众可能找到你也不容易。除此之外,听众使用的播客软件一旦检测到你的播客一个多月没更新,可能就不会将你的新节目下载到他们的播客流了。

理想状态:如果可行,周更或者双周更。如此一来,收听你的播客或许会成为听众每周或每两周的习惯,或许还能给你足够的时间将节目做好。

注意:以上建议适用于多数播客,但也有例外。比如:像《毒枭帝国》(Empire on Blood)这样的真实犯罪类迷你悬疑连载播客,它在 2018 年上线,讲述了一个涉嫌双尸命案,惨遭误判的男人的故事。当时我所在的团队认为，考虑到体裁和故事节奏，听众更想一次性听完，而不是每集都要等，哪怕是隔天更新。所以我们一次性放出所有节目。好处是可能会立马提升整档播客（不只是第一集）的下载量，因为喜欢这档播客的听众会一直点击播放，直到听完。

但这并不意味着所有迷你型连载播客都应该一次性放出所有节目。播客界最常见的还是周更，无论是持续更新的播客，按季更新的播客还是迷你型连载播客。

关于更新时间的最后一点：让听众知晓。如果节目周更，告诉他们下周再见。如果季更，告诉他们下一季何时开播。如果是迷你型连载播客，结束时感谢听众一路的陪伴。

连贯性＋沟通＝最佳更新时间。

持续更新的播客，按季更新的播客和迷你型连载播客

以下是三种常见播客类型的区别：

持续更新的播客：不确定何时完结的播客。周更、双周更、一周多更或日更。这种播客涉及各种话题，但多是新闻类播客，脱口秀类播客或者采访类播客。比如《闺蜜通话》《浪潮》。

按季更新的播客：类似电视剧，此类播客一年更新一季，或者一年两季或三季。停播期间可能会上线彩蛋，重播或者没有任何安排。比如《制作中》《罪案纪实》。

迷你型连载播客：在设定上就限制集数的播客。电视行业中，此类型被称为迷你剧。许多真实犯罪型播客和虚构类播客采用这一形式。比如《肮脏的约翰》《36问》。

29

抓人的视觉设计

是时候聊聊艺术了！美丽、流行、迷人的艺术！

我懂，我懂。你是听觉艺术家，不是视觉艺术家。但是，请相信我，视觉设计是重要的。发布播客时，你得做好视觉设计。这会呈现在听众的订阅中。如果有人评论你的播客，它还会出现在博客和文章中。通常，视觉艺术是听众对播客的第一印象。如果不美观，听众根本不会点击播放按钮，遑论订阅播客。

因此，花点时间在视觉设计上。随便打开一款播客软件，看看其他播客的图标。哪些能吸引你？哪些看起来廉价？哪些平平无奇？哪些让你有想借鉴的冲动？

通常，能吸引你的视觉艺术不会过于花里胡哨，直观易懂。播客名称简洁明了，不佶屈聱牙。所有文字和艺术仿佛都在冲着你喊："这就是我，来听我！"同时你也在想，就听你了。

但反过来说，我敢打赌，如果面对图案复杂、字体花哨、图片让人摸不着头脑的播客，你的眼睛不会多停留一秒。因为过多视觉噪声无法吸引人们的注意，大多数人在浏览苹果播客或者

Stitcher 播客软件时根本懒得去理解难懂的内容。

但除了全盘照抄其他播客的优秀视觉设计（请别这么做），如何避免糟糕的设计？

- 别以大屏为蓝本设计。只要符合需求，你完全可以在任何尺寸的电脑显示屏上设计。但请记住，听众看到播客时，99%的概率不是在大屏幕上看到大图，而是小屏幕上的小方块。这个小方块不超过1平方英尺（约为6.45平方厘米），而且一同出现的还有其他不超过1平方英尺的小方块。充分利用这个小方块，将它设计得出挑。

- 确保人们看得清图标上的字。有很大一部分播客的图标其上的文字很难让人看得一清二楚。字体歪歪扭扭花里胡哨，字体颜色和背景色融为一体，一个小方块里充斥着各种元素，与文字争抢人们的注意力。别让人们去猜这档播客名称到底是什么，简洁明了地传达给听众。

- 别怕极简主义。带点阴影的字体挺好的。在播客名称边上贴一张你清爽干练的照片也不错。一张包含有一个物件和几个字的设计图也能有效果。有时，光是艺术加粗后的播客名作为图标就已经完美了。从极简起步，再辅以点缀。别颠倒次序。

- 保证风格连贯。一旦确定设计风格后，所有曝光场合和社交媒体上都要沿用相同的色调和图片（或相似图片）。其中包括推特、脸谱网、播客官网、新闻稿、名片，以及其他任何有这档播客出现的地方。

- 如果自主设计有困难，而且资金足够，你可以找位设计师。网上有各种设计师供你挑选。有的价格实惠且高产，一个月可以接几十份单。其他的价格较高但服务内容更全面，为你所有产品（包括播客图标和促销周边）打造"品牌识别"。也有不少学生或者刚毕业的设计师想填充自己的履历。好在所有设计师都有能力为你打造优美的视觉设计。但也不要盲目地瞎选。看看他们的其他作品，与他们坦诚地聊聊创作过程、时间规划以及费用。

30

出彩的节目标题和介绍

你不应该以貌取书,但如果一本书装帧设计精美,或许你更愿意打开。书名同理。两本书书名分别为《马》和《不为人知的马语》,你更愿意打开哪一本?我猜是第二本。难道你不想知道马如何对话吗?反正我想知道!

但遗憾的是,许多播客主对节目标题并不重视。录制完成后,随随便便地把主题当作标题。但请记住:主题只是主题罢了,不是故事,光是主题绝对不能吸引听众。要有吸引力!

另一个常见错误是先拟好标题,之后再录制、剪辑。要是录制时有爆笑的事情发生呢?如果节目中曝出嘉宾不同寻常的那一面呢?不应该把这些内容体现在标题中吗?当然要!

所以,与其将节目命名为嘉宾名字(如"德肖恩·史密斯"),不如改成与他在采访中所说内容相关,能引起听众兴趣的名称("德肖恩·史密斯自曝流泪往事")。

注意:如果你希望听众按顺序听,确保每一集节目的标题前都标上数字(第1集"太好了!怀上了!",第2集"晨吐",第

3集"第一次产检",等等)。这对讲述连载故事的播客来说尤为重要。

接下来我们谈谈节目介绍。和标题一样,你希望能吸引听众并明确告诉他们这里有个故事。但除此之外,你还会想把可能会被人搜索的关键字囊括在内。这样听众就更容易发现你的节目。

举个例子:如果该集内容围绕一位名人,在介绍中应写上名人的姓名和头衔(利昂娜·西伊,美国天鹅绒艺术绘画俱乐部部长);如果围绕一场历史事件,别忘了在介绍中简述这一事件。只要是对这集话题感兴趣的人会搜的所有内容,都写进介绍。但不要写成长篇大论,也不要卖关子,先讲重点。如果超过十句就太长了。要写得明了、抓人、简短。

最后,记得在介绍中附上所有联系方式,社交媒体账号链接和播客官网链接,并对所有赞助商致谢。以上所有建议都可以让人们更容易找到播客,也让听众更容易联系你。

31

播客发布

你已经到了播客制作的关键阶段，万事俱备，只欠东风。视觉设计已完成，更新时间已明确，播客名称和节目名称都已确定。当然，还有许多优秀的录音，你已将它们剪辑成了动人的故事和出彩的节目。何为"东风"？如何让节目从你的电脑"飞"到听众的设备上？放轻松，只需简简单单四步！

第一步：用正确的格式保存

通常，节目录制和剪辑都用 WAV 格式。但发布时，你得将它导出为 MP3 格式。理由是：WAV 格式历史比较久远，录制时能避免声音失真。但 WAV 文件非常占空间！时长一分钟的 WAV 音频文件大小在 10 兆至 16 兆之间，如果节目时长 30 分钟，几乎要占到 500 兆！虽然这点空间对台式机来说不算大，但是对手机或平板来说就是另一回事了。

而 MP3 则是种压缩格式，省去了无关紧要的音频信息，文件占据空间小很多。时长 30 分钟的 MP3 文件所占空间是同时长 WAV 文件的十分之一，因此 MP3 格式更适合发布，对移动设备更友好。MP3 格式也是你托管和同步节目时需要采用的格式。

第二步：选择托管平台

成品保存为 MP3 文件后，下一步就是找个可以收听这个音频的地方。

最简单的方式就是使用专业播客托管平台，一站式地提供类似博客的页面、节目流、元数据和各项数据指标。最受欢迎的是 Libsyn（出了名地对新手友好），但也有不少替代方案，如 Podbean、Blubrry 和 SoundCloud。

另一种方式是创建一个博客页面，将该页面用来储存 MP3 格式的音频文件。许多线上博客服务或平台已经提供音频、播客的托管插件或选项。举个例子，名声在外的开源博客平台 WordPress 以及托管服务站点 WordPress.com 都有选项托管、配置你的播客，简单好上手。其他诸如 Wix.com、Squarespace 之类的商业服务公司配置起来也不复杂，允许上传播客或其他音频内容。博客页面的优势在于让用户有更多发挥创意的空间，同时，即使你不做播客了，页面还能保留。但最大的劣势就是学习成本更高，有更多事项需劳心。

第三步：设置节目流

创建好或者找好托管平台后，下一步就是设置节目流。节目流也叫 RSS 流（RSS 全称简易信息聚合），其中列出了每集节目以及其对应地址。节目流中还包含其他重要信息（常被称为元数据），比如播客名称，主播名字，概要、介绍，封面图片，内容分类和节目时长。每更新一集，节目流中就会多一条节目相关信息。只需稍加设置，大多博客平台或类似 Libsyn 的播客托管平台都能自动为你更新节目流。

第四步：内容同步

节目流有了，现在要把播客和节目流提交到所有能让人找到播客的播放平台。这个过程叫内容同步。

将节目流提交到苹果播客、谷歌播客、Stitcher 播客软件、Spotify，或者其他平台。网上有完善的指导教学，如果你使用的是专注于播客的托管平台（比如 Libsyn），它们都能自动将节目上传并同步到各大播客播放平台。

一般只需提交一次。苹果播客、谷歌播客或者其他平台经过快速审核通过后会将节目上线。审核可以确保播客内容与播客介绍一致。一旦审核通过，神奇的 RSS 订阅就可以做到每上传一集新节目，你注册过的播放平台就会同步更新。

要加入播客公司吗

通过 Libsyn、SoundCloud 或其他针对独立播客主的托管平台上线节目是个不错的方法。但对有些播客主来说，这只是一块垫脚石。他们想加入播客公司。毕竟播客公司有销售团队、制作团队、审计人员、律师、营销专家、录音室团队、设备团队，以及可以保证几万（甚至几十万）收听量的大平台。

　　但是，虽然有很多播客公司（无论是独立播客公司还是公共广播公司），要想加入并不容易。如果你在播客界没有光鲜的履历，之前没有粉丝基础，没有名气，多数播客公司不会考虑你的推介。而且，如果你的独立播客每集下载量不到 5 万，多数公司也不愿意将你纳入麾下。那如果你没有这么多听众，该怎么加入播客公司呢？

　　我先在纽约公共电台和 Panoply 播客公司全职工作，由此革命完成了一半。后来在两家公司，我都拿到机会推介我的播客想法，而且幸运的是两档播客都分别获得了公司支持。从很多方面来看，我实现了梦想。

　　但是像我这样加入播客公司也有局限性，公司很可能不给你完全的自主权，你不能自己管理节目流、播客名称、播客的社交媒体页面、子项目或者其他任何与这档播客的知识产权相关的内容。公司认为节目产权归公司管，而你只是这个项目的员工——哪怕在这家公司成立前这档节目的想法已在你脑海成型。如果你退出播客公司，相应地，你也不可能拿走播客所有权，包括播客名称、单集节目以及视觉设计。而且节目改编成书、电影或电视剧的版权费你也一分钱都拿不到——都归公司了。

　　也有主播能拿回版权。像《再一轮》(Another Round) 这样能免费从潮流趋势新闻网下属播客公司拿回所有权的例子少之又少。更多的情况是主播从公司把所有权买回来，带去其他公司继续制作，或者自立门户。当然也有主播干脆直接放弃了原来的播客，用类似的形式摇身一变变成另一家播客公司的全新播客（比如，《全部回复》[Reply All] 的前身其实是《太长不看》[TLDR]，

《惨败》[*Fiasco*]的前身是《细煎慢熬》[*Slow Burn*])。

  Panoply 播客公司于 2018 年年底决定砍去内容部,并将《活出书样》转卖给 Stitcher 公司。当时,多亏了经纪人利兹·帕克(Liz Parker),我和乔兰塔才能和对方谈判,最终我们才能拿到部分《活出书样》的改编权。

  说这些不是为了说明不值得在播客公司工作。我喜欢在播客公司工作!没有播客公司,我也无法取得今天的成就。但加入时要知道哪些你能保留,哪些要让渡给公司,哪些能让公司为你助力。

  或许你已经留意到,在这一节我还没提过钱——尽管发布和收益是紧密挂钩的。别担心。我知道钱是许多播客主都想了解的话题,所以我为它专门写了一章。请继续往下读吧。

如何发布到国际播客平台

  人们经常问我美国之外播客业发展得如何。其他国家有播客公司吗?英国,新西兰或者挪威能做播客吗?好消息是:世界各地都能做!英国有非常优秀的播客(比如《同和直》[*A Gay & a NonGay*],由我前搭档主播詹姆斯·巴尔和丹·赫德森[*Dan Hudson*]联袂主持),澳大利亚也有(我要是不提《老师的宠儿》[*The Teacher's Pet*]可就太不像话了),基本上只要是有电脑、剪辑软件和互联网的地方,就有精彩的播客。

  虽然美国有几十家制作、发布播客的播客公司,其他国家却不是这番光景。比如，在英国实际上只有一个大型音频制作公司：英国广播电视公司。在其他国家，最成功的播客往往和少数几家媒体或发行商有关联（比如《老师的宠儿》就是由《澳大利亚人报》[The Australian] 制作的）。

这主要是因为英国播客收听量低于美国。根据爱迪生研究所 2019 年数字报告（2019 Infinite Dial Study），32% 的美国人每个月都会收听播客。而在太平洋另一端的英国，根据英国通讯管理局援引的调查，在英国 6600 万总人口中，15 岁以上的听众只有 590 万。

换句话说，在美国以外的国家，大多播客是独立播客。但独立未必就不好。举个例子，英国独立播客《我爸写小黄书》（My Dad Wrote a Porno）就有超过 1.5 亿的下载量，其他英国独立播客，比如《内疚的女性主义者》（The Guilty Feminist）也获得了国际赞誉。

更鼓舞人心的是，每年都有新的国际性播客奖项设立，新的国际播客会议举办，同时，像《卫报》这样的各大国际媒体都开始发布每周最佳播客榜单。与其等千军万马过独木桥，为什么不趁此机会加入播客这一曝光度日渐增长的行业呢？或许你的播客，就是下一个登上头版头条的播客。

32

如何变现

读者朋友，我不想倒你胃口，但我必须肯定且明确地告诉你：多数播客不盈利。可能你会意外，毕竟这么多新闻都在报道播客行业的兴起。别误会，播客行业的确有利可图。事实上，普华永道和互动广告局（IAB）预测美国播客广告支出将翻一番，从2017年预计的3.14亿美金涨到2020年的6.59亿美金。但可惜的是，独立播客主还是很难赚到这笔钱。

原因是：

- 多数广告主对播客心有疑虑。播客对他们还是一种新媒介，尤其相比印刷广告、电视广告和广播广告。
- 能接受播客的广告主通常倾向于与有大量听众、销售部、审计部的播客合作，也就是说大多情况下都是与播客公司合作。

这也并不意味着独立播客主就没办法变现。我认识几位通过播客赚到钱的独立播客主。其中几位——比如《千禧一代》(*Millennial*)的主播梅甘·谭（Megan Tan）——告诉我他们可以靠从播客赚来的收益生活（虽然如此，因为除了制作、推广还要负责邀请嘉宾，梅甘最后因心有余而力不足，最后加入了 Radiotopia 播客公司）。

如果你对赚钱有执念，以下是几种你可以考虑的方式：

- 听众打赏。你可以在每集节目中告诉听众欢迎他们通过 Patreon 或者 Kickstarter 等网站给你打赏。作为回报，播客主一般会回赠些小礼品，在节目中致谢或者提供其他福利。

- 会员计划。有些节目只能由付费会员收听，也有节目免费收听，但付费会员可以享受每个月几美金带来的优待，比如去广告收听、收到会员通讯、提前听到新节目，或者其他福利。

- 播客赞助式广告。你知道常在播客上听到的 Thirdlove 女士内衣和 Casper 床垫的广告吧？这种广告大多投放在大型播客公司的播客中。但也有其他广告主愿意在稍小众一些的播客中投放广告，如果产品受众能与听众完美匹配。举个例子，如果你有一档关于孕期的播客，纸尿裤公司、婴儿食品公司、户外儿童游乐场或许有兴趣在节目中投放广告。

- 内容赞助式广告。广告主赞助某几集，或者整季节目，播客则会围绕广告主的产品展开。换句话说，假如你有一档关于鸡尾酒的播客，你可以找诗凡卡赞助四集伏特加鸡尾酒系列播客，下一系列如果是做圣帕特里克节鸡尾酒，你可以找百利甜酒。但请注意：如果采取这种赞助形式，你必须同意让品牌广告主决定如何修改节目内容，这可能会拖慢你的制作进程、影响你对这档播客的设想。

如果是前两种情况，你得有听众真心看好你和你的播客。幸运的话，或许你能做得像《开庭陈词》（*Opening Arguments*）那样，这档播客解释新闻背后蕴含的法律知识，2016 年每月能收到 1721 美元来自忠实听众的打赏。如果运气爆棚，或许你的播客能像《血腥播客》（*Last Podcast on the Left*）这档真实犯罪型播客那样。截至 2017 年，这档播客通过 Patreon 每个月能收到 4300 位听众大约 2.5 万美元的打赏。

如果是后两种情况，我建议你先保证每集有 5000 名长期听众。托管平台会提供独立听众数（概念衍生自"独立访客数"）、订阅人数等数据。尽可能地了解这些听众（比如性别、年龄、种族和地理位置）。然后，将这些信息提供给广告主，会被很多广告主拒绝，要做好心理准备，一旦找到广告主愿意合作，将费用用白纸黑字写下来，并且将账目记清楚。

最后，如果以上四种选项你都觉得不合适，别气馁。密切关注各种发布平台提供的最新服务。有越来越多的发布平台（比如 Anchor 和 Megaphone）在尝试投放广告到听众基础较小的播客中。而且，随着播客界进一步发展，会有更多广告主主动联系生产优质内容、有庞大听众基础的播客主——事实上，这已经是现在进行时了！

广告主为播客广告位掏多少钱

播客广告费一般以 CPM 为依据。CPM 全称"千次下载支出"。也就是说，你和广告主需要商定每集每获得 1000 次下载量广告主需向你支付多少佣金，下载量统计一般以节目播出后一个月为限。因此，假设第一个月每集都是一万次下载量，商定的 CPM 是 20 美金，那么广告主想在新一期节目中推广品牌的话，你就可以赚 200 美金。CPM 一般在 15 美金至 50 美金之间浮动，下载量越高，CPM 也越高。

[第七章]

成长空间

33

播客推广

最近我参加了美国音频行业最负盛名的一场活动，坐在场下听台上嘉宾分享独立播客圈的发展历程。主持人与3位独立播客主共同探讨了几个话题——各自的播客介绍，是否聘请外部制作团队，如何管理个人时间等。最后，主持人问到推广。她问："各位如何宣传自己的播客？"

第一位嘉宾坚定地回答："我是艺术家。我的工作是创作，不是市场营销。"

另外两位跟着点头。第二位嘉宾说道："播客之外我还有一份全职工作。节目制作之外，我几乎没时间。"

第三位说："我相信只要我能做出令自己喜欢的播客，听众自然会纷至沓来。"为了证明自己的理论，她表示自己有5000多名听众。

我不想呛声这几位播客主。他们不靠或几乎不靠他人的帮助，凭借一己之力制作播客，我由衷地敬佩他们。这需要巨大的决心。

但是，我认为他们错了。如果你想吸引听众（我猜读者中大多都想），推广播客绝对有必要。

因为播客的曝光方式非常有限。不像收音机或者电视，一打开或许正巧在播放你的播客。除非你加入大型播客公司，有资金充裕的营销部门，否则人们不可能听到广告介绍你的播客或者看到印着你的肖像的广告牌。你的播客可不会奇迹般地出现在人们的手机上或者在人们的耳机中播放。传播播客由你负责——每周需要花几个小时。

我知道听起来任务量很大。我理解。我也曾这么想。就像第二位嘉宾，我曾拿着每周六十几个小时的工作时间说事："我平时工作量已经这么大了，怎么还有人让我去做播客推广？"

我也理解自我宣传可能是件尴尬的事。世上哪会有文雅之人冲着别人大喊："听我说！我有很多趣事要分享，还把趣事录了下来，我觉得你们应该利用自己宝贵的时间听我分享趣事！"

但请注意，自我宣传是重要的。即使时间有限，也并非不可实现。你可以在播客制作的其他环节顺带做宣传。每天你消遣娱乐时，可以随手完成宣传（我会在接下来几节里详细讲）。如果你对自我宣传有所改观，说不定还能享受整个过程。我身上就发生了这样的转变，我也很震惊。你也可以。

不买账？我们再回过头看看第三位嘉宾。她说自己有 5000 多名听众。5000 远超过大多数人的朋友人数，也就是说，她朋友圈外的人也来听她的播客。但如果她不说"我相信只要我能做出令自己喜欢的播客，听众自然会纷至沓来"。而是说"我很爱我的播客，为此倾注了大量心血，希望能将它介绍给更多同好"。她的听众数会增加多少？

还有其他说法也能有效果：

- "我知道我的播客能帮到别人，我希望能将它传播给需要这档播客的听众。"
- "我当初初涉播客界时能有一档像我现在在做的播客就好了。"
- "我觉得我的播客能让很多听众觉得不那么孤单。"
- "我认识很多喜欢这个话题的女性，但似乎这个话题目前是一边倒地只有男性在讨论。我想让这些女性知道有人在意她们的想法。"

当然，以上只是几个例子。还有很多其他说法。但我没必要一一为你列出。只要回到全书开篇，你会发现你已经知道该说什么了。还记得我当时问你为什么想做播客，是为谁做播客吗？这就是你可以给的回答，播客面向的群体就是你的听众。用自己的想法分享你的播客。我向你保证，最终，无论是路易丝和安瓦尔，还是任何听众，都会感激你的分享。

34

打造社群

对很多播客主来说，无论我用多少种方法试图改变他们对宣传的看法，都是徒劳。他们还是觉得不自在。但一旦我说"社群"，似乎新世界的大门就打开了。

"社群"听起来是包容的。"社群"蕴含着"我们是一伙的"这样一个概念。"社群"不像"嘿，来听我自吹自擂"，而像是"听众朋友，让我们一起打造这个社群"。这是因为社群的意涵不只有听众。社群中，人们相互扶持，认为自己是当中的一分子——他们希望能让社群更知名，也希望与信任他们的人分享这个社群（没有一块广告牌曾声称有这样的能力）。

因为我搭档主持过、制作过的播客，我逐渐开始狂热、近乎疯狂地爱我的社群成员。我逐渐了解他们的名字和地址，很多听众一路追着我的播客，从一档追到另一档（说的就是你，新泽西的肯·龙科维奇）。这些忠实听众可远不只是贡献订阅量和下载量（这已经是巨大的礼物了），他们还分享故事让我制作成节目。他们的褒奖和批评，让我成为更好的主播。他们教会我和其他听众用不同的眼光看世界。他们还在社交媒体上推广自己最喜爱的单集节目，甚至还写博客和文章鼓励别人来听我的播客。

但你该如何打造一个理想社群呢？你该如何从对着麦克风说话发展到让听众觉得能与你、与其他听众、与你的播客产生联结呢？你该如何让一位无意中听到你的播客的听众成为忠实粉丝并将播客推荐给所有朋友来一起订阅收听呢？没有屡试不爽的、可以套用的模板，但有一些我认为行之有效的方法。我将其分成独立的三个部分：播客内做什么，播客外做什么，听众能为你做什么。请看。

在节目中与听众互动

告知听众你的联系方式

为播客专设一个手机号和邮箱。这用谷歌的服务都不难实现。确保这个手机号会转接至语音信箱并且能友好地问候来电者——你不会想和每个来电者通话的！每集节目都要提醒听众你的联系方式，并告诉他们来电或来信的意义。把联系方式也附在你的内容简介中。

邀请听众分享与节目内容相关的经历

举个例子，《名利场》杂志的《聚光灯下》(*Limelight*)播客——一档关于明星新闻和王室八卦的播客。主播乔希·杜博夫（Josh Duboff）和朱莉·米勒（Julie Miller）会邀请听众分享自己遇到明星时的经历。语音留言和来信有时让人浮想联翩，有时语气毕恭毕敬，总是充斥着意料之外的细节——英国乔治王子

（Prince George）在某个狗狗公园向陌生人自我介绍时用了假名；安吉丽娜·朱莉（Angelina Jolie）和孩子在攀岩时被听众偶遇，当时她和她孩子是什么穿着打扮。

给听众布置任务

《电影约会》中，我和雷夫在每集末尾都会放一段电影片段，让听众猜是哪一部。每周，来自世界各地的听众会来电、来信分享他们的答案。答对者唯一的奖励就是主播会从中选出几位幸运听众在节目中点名表扬他们。但是，听众们乐此不疲。注意：不一定每集都要布置同样的任务。举个例子，我在参与制作《格雷琴·鲁宾帮你找幸福》时，我们曾邀请听众在推特上用俳句的形式分享自己的生活。收到几百份听众的俳句后，格雷琴和利兹挑选了几首在节目上与大家分享，同时说明创作这首俳句的听众姓名以及其对应的推特账号，这让听众非常高兴。此外，主播的粉丝数也大涨。

让听众向你寻求建议

哪怕你不认为自己做的是咨询类播客，你也可以用独特的视角向听众提供建议。举个例子。正如我在前文所说，《电影约会》中我们有个环节叫"电影疗法"。听众来电或来信告诉我们生活上的问题，我们会就此提供一份电影或者电视剧清单，帮助他们渡过难关：听众如果刚经历过感情上的波折，我们会推荐以幸福、独立的女性为主角的电影；如果听众刚经历了工作变动，我们会推荐讲述主人公如何在职场中大获成功的鸡血电影；如果听众是新手父母，正经历无数个无眠的夜晚，我们会推荐一部长寿剧。

欢迎听众提建议

每一集《活出书样》中,我和乔兰塔都会向听众征求意见,下次选哪本自助书改变生活。每天,我们都会收到几十条推荐。那是因为人们喜欢帮助别人,他们也乐于当提供建议的专家。更重要的是,一旦我们听取了他们的建议,真的遵照他们推荐的自助书生活,这种被认可的感觉是他们所享受的。每周都有听众联系我们说:"你们总算选中了我推荐的书"——无论他(她)是唯一一位推荐此书的人,还是几千位推荐人之一。

最重要的是在每集节目中问听众几个具体的问题,引导听众分享故事,而不是让他们提意见或者给出"是"或"否"的回答

意见本身没问题,但到处都是意见。而故事虽然对每个人来说都是独特的,却能让普罗大众产生共情。所以,鼓励听众与你分享他(她)第一次坠入爱河的经历,捕到过的体型最大的鱼,参加夏令营的经历,个人财务最窘迫时的经历,与最喜欢的祖父母在一起时最美好的一段回忆。但凡跟节目沾点边,都可以问听众,这能让听众袒露真心,也会让其他听众会心一笑或者点着头说:"深有同感。"

在节目之外与听众互动

打造一个听众之间可以互相沟通的空间

《活出书样》就有一个互动频繁的脸谱网社群,其中有一万多名听众。这个社群是我们在播客上线后几周成立的,当时希望听众能互相分享自己遵照这本自助书生活时的经历。但这个社群不断发展——一次次地超出我们的预期。每天都有听众在社群中向其他人寻求解决生活困境的建议。其他听众会提供建议和支持。他们分享自己最深的不安全感和最大的喜悦，一起悲伤，一起欢呼。他们分享照片，有自拍照，宠物的照片，还有自己家，以及附近街区的照片。他们甚至自发地在全世界组织读书俱乐部——有些只读自助书，有些读的内容更广一些。

节目之外的内容运营

给播客创建一个推特账号、脸谱网页面和照片墙页面。每天至少在上述某一个平台发布些信息——理想情况是每天在上述所有平台上都更新几条。让听众知道你在看什么书，在想什么，展现个人生活的碎片。向他们展示你的录音室，宣传即将参与录制的嘉宾和接下来要谈论的话题，让他们知道何时更新下一集。别以为光发布信息就够了，如果听众给你发了和你相关的信息，要记得回复，哪怕只是在他们的照片上点个赞。

组织现场节目，安排线下见面会，创造与听众见面的机会

不是为了吸引新听众，而是与原先的听众建立更牢固的关系。让他们看到你说话时张牙舞爪的样子、笑起来鼻子都皱成一团的样子。和听众自拍，夸一夸听众，安排娱乐环节，当然最重要的是——感谢他们能来，以及一路走来的支持。

让社群吸引新听众

你可以在每集节目中鼓励听众在苹果播客、Stitcher 等其他播客平台上为播客打分并撰写评价

这会让更多人发现你的播客，因为许多播客平台的推荐算法是基于听众与播客互动的频繁程度的。同时，你也可以偶尔在节目中分享几段听友评价，感谢他们。

鼓励听众将播客推荐给自己的朋友、家人和同事

光在节目中这么说还不够。每次回信给听众时，在结尾加上一句："非常感谢您收听这档播客，也感谢您将播客分享给家人朋友。借此机会向您致以由衷的感谢！"

顺利的话，听众会根据你的播客创造出只有忠实粉丝才懂的"行话"，像朋友一般互相沟通，也能将你当作认识多年的老友，与你分享故事。他们期待节目更新，也会带动别人和他们一起期待。你会在不知不觉中就已经打造出一个听众需要、你也需要的空间。你拥有的不只是听众，你拥有的是个社群。

如果听众出言不逊，如何应对

读者朋友，我相信你会和我一样幸运，能为播客打造出一个温暖的社群，社群中的听众对你、对彼此、对你的播客都充满期待。但哪怕你是最擅长打造社群的人，还是会碰上几个出言不逊的听众。举个例子，就在上周，就有人说我有种"优越感情节"。有一位听众说我人格有问题，我完全不能苟同。还有一位说我是个"不值得交的朋友"。他们之所以会言语攻击我，纯粹是因为我批评了他们喜欢的自助书。显然，被人辱骂、被人冠上莫须有的罪名不好受。好在我有一些应对技巧能帮到你：

我会尽量辨别有建设性的批评和赤裸裸的言语攻击。羞辱我和提供反馈意见让我成为更优秀的主播之间是有差别的。建议我使用更多描述性的语言或者提供更具体的日期和名字是在提供反馈意见。贬损我的人格或是辱骂我就纯粹是混蛋行为。

　　提醒自己听众反馈是种恩赐。几十年前，我在大学校报上发表了一篇专栏文章，招致许多仇恨邮件，是校报创刊以来反响最剧烈的一次。（顺带一提：我发表的文章题为《过犹不及：耍酷已然变味》，我在文章中指出耍酷经济的问题所在。）校报收到几百封来信咒骂我，说作者无疑是个失败者。我当时受到了很大的打击，但我的母亲却说我是个幸运儿。"你看，大家都在谈论你！有多少人哪怕是死也想获得这么多曝光度？"她说得没错。我写的文章触动了大家神经，才让大家开始谈论我。当我收到许多投诉邮件时，我总会想起那一刻。

　　我不是一个人面对所有批评。一路走来，我都很幸运，能与优秀的搭档主播共事，事情不顺利时，他们与我一起分担。不仅如此，在我失魂落魄时，他们与我谈心，把我从负面情绪中解救出来，甚至有时还在节目中替我说话。举个例子，主持《电影约会》的早期，许多听众说我在节目中笑得太频繁。他们说我听起来不专业，像个傻呵呵的女学生，没什么干货。最终，我的搭档雷夫实在忍不住就在节目中回应了这些批评。他说自己读了所有听众来信，听了所有听众语音留言，并录了一段音频作为回应。然后他就放了那段音频，里面是我的笑声集锦，都是我在节目中笑得最欢的时刻。音频放完之后，他最后说了一句："克里斯滕的笑声是这档播客最美好的东西，如果你不是为了听她的笑声而来，我还真不知道你为什么要来听这档播客。"

提醒自己，大多听众反馈都是好评。这些年来，我收到90%的邮件都是积极正面的。有些甚至让我感动流泪。但也有5%到7%的邮件的确会伤到我。每次因为这些负面邮件而失落时，我会提醒自己：负面邮件的比例不等同于讨厌这档播客的听众的比例。这是我在青年时期就学到的，当时我正在接受培训，将要担任某一呼叫中心的客服代表（这份工作我真心喜欢）。当时培训师就明确地告诉我：好事不出门，多数对你服务感到满意的顾客是不会告诉你他们满意的。但是不满意的顾客绝大多数都会表现不满。也就是说，只要有一个人称赞你，可能另外还有几十个人也这么想，只是他们没有表现。不满意的人声量比较大罢了。

我在节目中或者社群中进行回应。在做客服时我学到的另一件事是：一旦你认识到有人对你不满意，尽量解决问题，或者安静地倾听，他们之后往往会比一开始就没有与你有过任何纠葛的客户更忠实。所以我给听众回信。让他们知道我听到意见了。我也偶尔会在节目中念出听众来信（有时会搭配雷夫制作的我的笑声集锦）。这不仅会让来信的听众满意,还能让所有听众认识到你也是个活生生的人,不只是一个只知道对着麦克风说话、他们可以随便撒气的对象。

35

传播口碑

但愿你现在对推广有了积极的看法,已经跃跃欲试想打造你的社群了。相信我,我也为你感到激动!你一定能做到的!

但你还有其他能做的吗?光凭善良的社群成员和积极的看法就能推广播客了吗?抱歉,不能。你还得勇敢地传播播客口碑。幸运的是,你已经证明过自己足够勇敢了。因为走上播客这条路是需要勇气的。在你采取以下七种措施时就需要再次用上那份勇气:

- 跟所有你认识的人宣传。干净利索、热情洋溢地介绍,前文提及的电梯推介这时就能派上用场。向脸谱网、推特和照片墙的好友、粉丝介绍播客,并附上链接。也可以面对面地介绍,给他们一张附有播客链接的名片。明确告知他们可以从这档播客中获得什么,根据他们的兴趣爱好具体推荐单集节目。
- 搭建播客官网。你可以找一个下午,用有模板、容易上手的网站(比如Squarespace)自己搭建,如果你的资金充足,也可以找人帮忙。官网有三大功能：你向别人介绍播客时，他们可以搜官网——他们可能是媒体记者，想把你的播客排入最新一期播客前十榜单，也可能是感兴趣的新听众；刚听播客不久的人无需安装手机播客应用（有时装应用会让人望而却步）就能听到你的每一集节目（现在有三分之二的美国人还没有听播客的习惯，网站对他们来说就是重要的！）；最后一点，它可以增加流量，如果你把与播客话题相关的流行搜索关键词放在官网上（最简单的方法就是把社交媒体的帖子同步到官网），你的网页会随机产生流量。

- 采取游击队式的营销策略。只要红迪网、脸谱网、推特，以及其他网上平台上在谈论你的播客，或者任何与播客相关的话题，你都可以加入讨论，介绍你的播客。或者，你可以主动发布有话题性的内容，挑起话题。比如几年前，我决定上推特"吐槽"一份最新出炉的最佳播客前十榜单，因为榜单上的播客清一色是由男性主持的。所以我趁机邀请网友分享他们最喜欢的、由女主播主持的播客。不到一周，这条推文就收获了几千条评论，而且我的关注者还涨了几百个。

- 友台互推。很大一部分播客听众都表示他们是从主播口中知道其他新播客的。有时主播是真心喜欢另一档播客，就会在自己的节目中提及。也有时主播商量好为彼此的播客背书。友台互推可能是口播推荐，也可能是在开场或结尾处插一段对方播客的30秒预告。但你该如何找到愿意互推的友台主播呢？友台听众首先应大概率会喜欢你的播客。如果你是一档真实犯罪类播客，或许你应该联系其他同类播客或者其他面向女性受众的播客。另外也要注意听众人数。多数情况下，有百万听众的播客是没兴趣和一档只有300位听众的播客互推的,但或许另一档有750位听众的播客愿意考虑。

- 邀请别人接受采访——你真心想了解、又有粉丝基础的人。其中包括友台主播、知名专家、网红、作家和明星。单集节目上线后,发一封感谢信,附上该集链接,并拜托他们帮你宣传。如果你有勇气,甚至可以替他们写好含有该集链接的推文。除此之外,在社交媒体上推广自己的播客,发布的内容中应提到嘉宾并将采访中的金句列出。嘉宾很可能会转推或者用其他方式进一步分享你的播客。

- 自荐去友台串台。哪些播客的听众可能也会喜欢你的播客呢?将他们列成一张表。定向寻找体量与你类似的播客,或者比你稍大一些(不要找有几百万听众的明星播客,因为他们很少邀请刚入行的播客主)。用邮件推介自己时要明确阐述自己能给对方听众创造何种价值。接受采访时,别忘了提及自己的播客。节目上线后,在所有社交媒体上宣传,发布内容中要提到对方主播并附上相关的热搜话题。同时也在自己的播客上宣传这次采访。这么做不仅会让更多人听到这次采访,因此让你获得更多听众,还能让你在往后向其他播客自荐做嘉宾时给对方参考。

- 将致谢变为自我宣传。身为主播,你应该把感谢播送给世界。换句话说,不要只在节目中致谢,还要在社交媒体上致谢,人们会看见、分享、转推你的谢意。前文已经提过要感谢你在其中担任嘉宾的播客,感谢上节目的嘉宾。但你同时应该感谢播客所有广告主,在网上提及他们和你的播客。同时也要感谢过去一周给你灵感的作家。感谢来信的听众。感谢所有帮忙传播这档播客的人——无论是名不见经传的博主还是知名新闻报社,并提及所有他们所写的文章中提到的播客("谢谢某某将@活出书样列为你们最喜爱的播客之一!能和@王室婚礼播客这样优秀的播客身处同一家公司,与有荣焉!")。你提及的内容越多,你被转推或分享的概率就越大。

如何自荐去友台串台

主动联系陌生人并向对方推介自己可能会让你感到害怕,觉得难为情,相信我,你其实会帮对方一个大忙。因为播客主一般都在猎寻新故事。把你自己变成他们想要的故事,投其所好!如果你被拒绝,那是他们的损失。

- 主题中写明"嘉宾自荐",并附上其他信息。("播客嘉宾自荐:美食专家谈如何对付挑剔的小食客")
- 邮件正文中介绍自己和你的播客。("亲爱的沃森女士,我是德娜·阿里[Dena Ali],《吃饱喝足》[*Happy to Eat You*] 播客的主播。每集节目中,我会谈论吃哪些食物让我兴奋,并努力感染听众。")
- 向对方表示自己对其播客的喜爱并证明给对方看。("我是《育儿:终极先锋》[*Parenting: The Final Frontier*] 的忠实粉丝,特别喜欢谈论食物的那几集,比如你和宝宝一起在车上吃饭那一集。")
- 说出你的想法,确保它听起来和友台听众有关。("不知是否有荣幸在贵播客担任嘉宾,探讨另一个与食物相关的话题：挑剔的小食客——如何让他们不那么挑食，更乖地吃饭。"）

- 列出至少三条你可以给友台听众创造的价值。（"具体来说，我会讨论：一起去杂货店采购的好处，为什么一家人一起做饭可以让食物看起来不那么吓人，把卖相不好的食物变好看的技巧。"）
- 附上联系方式。（"不知您是否感兴趣，请随时与我联系。您可回复本邮件或致电 555-123-4567。"）
- 告诉对方你会还人情。（"当然，我会不遗余力地在我所有的社交媒体平台和自己的播客上宣传这集节目。"）
- 电子签名中，附上播客具体信息，之前上过节目的嘉宾，播客官网链接和社交媒体链接。
- 懂礼貌！如果你不用敬辞，不奉承对方，那就错了。
- 尽量简短！开门见山。如果超过十几句，那就太长了。

以下是自荐邮件的模板：

主题：播客嘉宾自荐：美食专家谈如何对付挑剔的小食客
亲爱的沃森女士：

我是德娜·阿里，《吃饱喝足》[①] 播客的主播。每集节目中，我会谈论吃哪些食物会让我兴奋，并努力感染听众。

[①] 《吃饱喝足》是一档对美食充满爱的播客，从不掉书袋。梅琳达·斯泰尔斯（Melinda Styles）、杜安·杰斐逊（Duane Jefferson）、莉拉·帕克（Lila Park）都曾担任节目嘉宾。2018 年内，《吃饱喝足》的下载量超过一万次。

我是《育儿：终极先锋》的忠实粉丝，特别喜欢谈论食物的那几集，比如你和宝宝一起在车上吃饭那一集。

不知是否有荣幸在贵播客担任嘉宾，探讨另一个与食物相关的话题：挑剔的小食客——如何让他们不那么挑食，更乖地吃饭。具体来说，我能讨论：

一起去杂货店采购的好处；

为什么一家人一起做饭可以让食物看起来不那么吓人；

把卖相不好的食物变好看的技巧。

不知您是否感兴趣，请随时与我联系。您可回复本邮件或致电555-123-4567。当然，我会不遗余力地在我所有的社交媒体平台和自己的播客上宣传这集节目。

谢谢您花时间考虑。

致意！

德娜·阿里

《吃饱喝足》主播

电话：555-123-4567

推特/照片墙/脸谱网链接

www.播客官网.com

36

当一名出色的受访嘉宾

上一节，我建议你向友台自荐担任嘉宾。假设其中一档播客向你伸出了橄榄枝，你准备好如何表现了吗？

此时此刻，我要向各位读者坦诚一件事：我第一次接受采访时，现场表现只能用糟糕形容。不是我自谦。我当时非常差劲。

我第一次面对观众接受采访的经历和播客没有丁点关系。当地的电视台想找当地选民和尚未达到投票年龄的孩子聊聊本地选举。那时我年方14，跟着一位候选人保罗·韦尔斯通（Paul Wellstone）做志愿活动（与他相熟的人，我向你们致敬，我也憧憬他所倡导的理想世界）。显然，我年纪轻轻就有如此公民热情，获得了他竞选团队的赏识。

我甚至不记得当时是怎么获得上台机会的。我只记得当主持人连珠炮似的问我让我毫无头绪的问题时，大多数时候只能怔怔地盯着摄像机。我恨不得找个洞钻进去。而另一位被邀请来做评论员的人——那是一位睿智的活动家，年近中年，我们称她弗朗辛（Francine）——神情自若，镇定地帮我打圆场。

当时，弗朗辛的表现让我困惑。无论主持人抛出什么问题，她都能转到自己所倡导的理念上去，我不可能注意不到。奇怪，刚才主持人不是问你任期吗？怎么聊到你对移民的看法了？就像魔法一般，当时我完全不理解她是如何做到的。

而第二次在节目中接受采访是几年之后了。我已经长大成人，在一家公立广播电台担任制作人，还在与雷夫·古斯曼搭档《电影约会》的初期。日更新闻节目《知识星球》（《电影约会》是其衍生节目）的节目组问我愿不愿意和雷夫搭档主持一档周更影评节目。注意，《知识星球》是全国性的直播节目，当时有 200 万听众。

《电影约会》的制作人告诉我任务不难："主持人会照着我已经提前写好的问题向你提问，你只要回答就行！雷夫已经这么做了几个月了。你只需要跟他一起，照着他做，有些个人色彩就行了。"

另一位制作人建议说："记住制作人提前告诉你的问题，想好怎么回答，到时候背下来就行了。"

听着容易。回答问题，背几段话。但第二天早上，等我坐在麦克风前，镁光灯打在脸上，我意识到已经在直播了，主持人开始抛出我此前毫无准备的问题（为什么要问明星的政见，有意义吗？），我回答听起来不自然、有头没尾、不清楚自己想表达的内容。

幸运的是，节目组打算再给我一次机会。为此，我去向另一位常驻评论员贝丝·科布林格（Beth Kobliner）请教。贝丝是个人财务方面的专家，节目中的表现也非常出色。她的建议或多或少和弗朗辛的做法类似，我本该在 14 岁时就学会这个套路：聊你想聊的内容，而不是被主持人牵着鼻子走。具体来说：了解你认为听众看重的关键点，不直接回答主持人的问题，将话题转移到听众关心的问题上去。

也就是说，如果主持人抛出一个关于明星政见的问题（"某某明星是不是最近参与了一些相当激进的政治活动？"），你却想谈谈她在一部有潜力争夺奥斯卡奖项的电影中担任黑人主角是多么伟大，那就将话题往你能说的方向带。你可以回答说："我认为更值得谈论的是好莱坞选角政治的转变。好几代人以来，好莱坞一直以白人的视角讲述故事。观众想要多元性，他们也终于看到了银幕上多元性的呈现。"

注意到了吗？我用"选角政治"将问题转移到另一个话题：我想谈的话题，也是我认为对听众更有用的话题。

如果换成是你，接受采访时要经常将话题引到自己的播客上来——这是一档什么样的播客，人们收听这档播客一般会有怎样的感受，某几集的具体内容。当然，你在转移话题时必须还得和问题搭点边，不是一味地给自己打广告。

如果这么做听起来有难度，把你吓倒了，放轻松，熟能生巧。如果话题转换得巧妙，听众会乐在其中！

举个例子，假设你有一档关于钩织的播客。暂且将这档不存在的播客命名为《大老爷们儿做钩织》。你向当地的小型新闻节目自荐，分享你对国家手工艺月的理解。节目中，主持人抛出问题，先关于围巾，再是帽子，然后是毯子。主持人谈的一直是钩织物件，和大老爷们儿以及你的播客沾不上边！怎么解决？顺着主持人的话题（比如毯子）转移谈话方向。

"哈哈，正巧你提到毯子，在我看来，如果是五大三粗的男人第一次接触钩织，毯子就是最适合上手的物件。我在节目中邀请到的嘉宾常向我透露,如果是织大件物品,他们就不那么畏首畏尾,因为织错了不容易被发现。但换成是用来端锅的防烫垫,一眼就看出错误了!"

然后你就可以顺着往下回顾某一集节目。

是不是挺有意思的?当然!于你,因为你可以聊自己想聊的话题,当然有意思;于听众,因为你给当地新闻台带来了其他嘉宾不具备的新鲜感——你的独特角度,他们自然也觉得有意思。如果你表现得出色,你的采访对每个人,包括你自己,都是一份礼物。

找个朋友练习

如果你对自己不太自信,不妨从求职辅导员身上找找灵感——找个朋友进行模拟采访。让朋友问一些采访中经常出现的标准的问题,在你预料之外的问题,与你的专长勉强相关的问题,你完全不知道该如何回答的问题等。在你回答时,记得融入故事和例子。要有互动,还要夸一夸自己的播客。并且时不时地回到你想表达的重点上来。把整个模拟采访录下来,以便回听,检查哪里表现得好,哪里表现得不好,并思考该如何改进。然后再找另一个朋友再安排一次模拟采访。练得越多,你就越得心应手。

37

拥抱播客主的身份

当时我刚开始接触写作课,某节课上,老师要求我们给自己制作一张名片。建议是:名片中应包含自己的名字、邮箱以及"作家"这两个字。

但我不是作家啊,当时我心里这么嘀咕着。除了写论文以及为文学社写稿,我根本没发表过文章。没人认为我是位作家。名片上说自己是作家不是在撒谎吗?

但老师坚持说:"如果你自己都不认为自己是作家,别人也不会把你当作家看待。接受这个头衔。你就是一位作家,你也希望别人将你视为作家。"

我想借用老师的观点:接受"播客主"这个头衔。告诉大家你是播客主,建立起自我认同。制作好你的名片,写上播客名称和你的头衔——"主播、执行制作人"。

但这只是开始。其他播客主参加的活动,你也要参加,跟其他播客主聊聊你的工作,告诉世界你对待播客是认真的。以下是几种你可以采取的方式:

- 播客主订的新闻简报，你也要订阅。其中包括 Bello Collective、Hot Pod News 和 Podnews 等。播客新闻简报让你了解行业最新动态，介绍新上线的播客，提醒你面向播客主的工作、课程和会议。一言以蔽之，你不仅有了谈资，还能提升业务能力。

- 加入脸谱网社群。脸谱网上有几十个为播客主和播客粉丝打造的社群。社群成员在其中讨论的内容包罗万象，有设备、视觉设计、采访技巧，再到他们最爱的播客和主播。有些社群是专为女性、有色人种、新手准备的。有些称自己为帮助小组。加入几个社群。看看每个小组在讨论的内容，以及其中的氛围。如果你不喜欢这个小组，退出就是了。但你要是喜欢的话，积极参与小组讨论。介绍你自己和你的播客，向大家提问。就话题提出你的想法。帮助他人，也向他人寻求帮助。最后，如果你有勇气，可以召集当地的社群成员在咖啡厅或者酒吧来一场见面会。

- 参与大型会议。每个月都有音频行业大会在美国不同城市召开，每年也有新会议出现。和脸谱网上的播客社群一样，大会也五花八门，侧重点不同，播客制作的环节不同，不同的播客主身份都有对应的大会。做一番研究，看看哪些大会的使命符合你的需求，嘉宾讨论探讨你关切的问题。举个例子，如果你在声音设计上遇到了阻力，或许你可以参加声音设计相关的大会。如果你想扩大听众基数，找找哪些大会安排了多场与营销和推广有关的嘉宾讨论。同时也要留心大会的出席嘉宾。他们创造了能让你钦佩的作品，你是想从他们身上取经？还是从名不见经传的人身上取经？

- 主动联系你仰慕的播客主。参加大会能让你亲眼见到你佩服的播客主，不过还有其他方式。参考主动联系我的年轻人的做法：给对方发邮件。每个月都有几位朋友写邮件邀请我喝咖啡，聊聊我的工作，甚至以不同的方式主动提供帮助（比如决心在校园中传达女性和有色人种的声音，主动提出帮我宣传某档播客等）。有些通过我主持的播客认识我，有的听过我在大会上或者教室里的演讲，也有的是经教授或同事推荐。有时，我会和他们喝个咖啡，聊25分钟。其他时候我们就通过邮件往来，我帮他们答疑解惑。最不济（最近越来越频繁了）是我根本挤不出时间，但至少那个人的名字我有印象了。注意：无论如何，你获得的结果都不坏！如果对方不能与你见面，结果也比你不联系对方要好。无论如何，感谢会回复你，与你有邮件往来，或者与你见面的人。当下就感谢对方，告诉他们你从他们身上学到的经验，以及你会如何运用这些经验帮助自己实现目标。不要吝啬感激之情。承诺一旦自己在播客界站稳脚跟，如果后辈有需要，你也会帮他们一把。

- 报班上课。之前在"反馈"那一节，我提到你可以去报班。但播客相关的课程能给你的远不止知识和反馈。你去上课就能找到组织，遇到其他有抱负的播客主，也能找到一位播客界的老师指导你。充分利用这些人际关系。在课堂上积极提问，课后约上同学一起去喝两口，结业后要经常和老师同学保持联系。别担心报班会让你破费。价格取决于你报名的机构，有些价格不菲，有些实惠，有些甚至免费。

- 接受所有邀请。只要是在课程上结识的同学和老师发来的聚会邀请，都要接受。有人邀请你出席可能有其他播客主在场的社交活动，也要接受。受邀加入当地新创立的播客俱乐部，你就加入。听说有场播客见面会，你就参加。如果你资历够深，受邀作为嘉宾或者主持人参与会议，更要接受。

最重要的是，拥抱自己作为播客主的身份。相信自己和自己的故事。做了播客，就是播客主。坚持做下去。坚持提升播客质量。让你的播客达到只有你能达到的高度。

你是一名播客主。我相信你。等不及收听你的播客了！

最后一点：你一定行

但愿读到这里的你已准备好放下书，拿上录音设备一展宏图。假如真是如此，太好了！拥抱你的声音！与世界分享！

但如果你还七上八下，还不知所措，还在犹豫自己是否真能实现播客梦，我告诉你：你有这个实力。

不仅书里介绍的基本知识你已了解，你还有更重要的武器装备：你自己、你的人生阅历和你的观点。所有独特、糟糕、美好的东西造就了你，也有助于你用独特的方式讲述故事。

无论你目前是位兼职行政助理，高中生还是退休消防员，这不重要。无论你之前是否用过麦克风，也不重要。我30岁成为播客主前也从没用过麦克风（或剪辑音频、采访嘉宾）。连"播客"这个词都很少出现在我的生活中。但回首过去，我一直都在接受"播客主资质培训"。容我向你解释。

成年人都喜欢问孩子："长大之后你想做什么？"

我的回答几乎一直和写作或艺术相关。我喜欢画画、写诗、读书——但以后从事什么工作，我没有确切答案。哪怕高中学了几年文学，大学学了几年电影研究，我仍旧没有明确的方向。

我毕业后的第一份工作是在一家通过电话授课、运营互助小组的非营利组织。多数学生常年出不了门，大多是老年人，部分是残疾人，也有一些是艾滋病患者。

一开始我负责行政，联系学生上课，与教师沟通，撰写课程目录。但几个月后，我也开始授课了。

此前我从未教过课。我做过看小孩的保姆，也做过服务生。我曾是接线员，如果你买的东西不合心意，聆听投诉的那个人就是我。我也做过校报记者、行政助理、加油站服务员、五金店售货员。无论从哪个方面看都和教师搭不上边。

但我意识到，在这与众不同的教学环境中，我让学生大笑，让他们缅怀过去，与公寓或养老院外的世界多了一点联系，这比我的专业知识重要得多。

组织允许我用任何话题设计课程，只要我认为合适。我选了电影和电视历史——这是我在大学时期深入学习过的主题，也是我的一生挚爱。每周我以十年为界，回顾电视历史，讨论美国文化界当时在经历什么。学生对我们谈论的节目记忆深刻，也能回忆起当时自己的人生故事。

课程不给成绩，坦白讲，学生学到的知识也相对有限。但我愿意相信我的课程既培养起社群感，也为学生赋能。没错，我的学生大多不能离开家门，但所有人都能打开电视回顾往事。每周，不管是谈论露西·里卡多（Lucy Ricardo）还是阿奇·邦克（Archie Bunker），我都尽量告诉他们，媒体消费是一种参与方式，是参与历史、参与社会辩论、参与推动经济发展的，由消费者主导的产业。

我很享受电话授课的形式。但这并非我终生追求——并不意味着我知道何为我的追求。我只知自己喜欢讲故事，喜欢与人、与历史打交道。不到一年半，我便辞职了。

当时我并未意识到这第一份工作竟能为我之后走向播客事业打下基础，教会我一些最重要的技能。回首过去，之前做的每份工作都是如此——无论是做被人在电话中大呼小叫还能面不改色的客服代表，还是做严格按照日程表行事的行政助理。我敢打赌，目前为止你的所有工作经历也能帮你成为一名播客主。

你可能是全职父母，精通哄小孩子开心的学问。你可能是五金店女售货员（五金店女售货员们，万岁！），擅长与陌生人攀谈，让看起来吓人的工具变得似乎易于操作。你也可能是从未踏足录音室，从未写过节目稿，从未编辑过哪怕一段音轨的人。

你有做播客主的实力。全数所学，只为此刻。你一定行！

致　谢

首先，感谢所有鼓励我写下这本书的各位。在我敲下第一个字的一年多以前，我的朋友暨导师格雷琴·鲁宾就让这个想法在我大脑中生了根。她带着一贯的热情，说："你是世上最适合写播客入门书的人！"

挚友、搭档主播乔兰塔·格林伯格则让这一想法发了芽，她始终认为我有能力写出此书。她说到做到，将我介绍给她优秀的经纪人利兹·帕克。

利兹从第一天开始就充满热情，非常支持我。她帮我写提案，把书介绍给出版商，帮我与威廉·莫罗出版社中出色的团队牵线搭桥。

感谢我的编辑凯茜·琼斯和出版社其他团队成员帮我润色此书的同时还能保留我的原意。他们所展现出的关心、创造力以及热情超乎想象。

非常感谢我的丈夫迪安·麦克罗比（Dean McRobie）帮我润色播客发布环节中与技术相关的内容，使其更易懂。非常感谢另一位出色的播客主米歇尔·西格尔（Michele Siegel），以读者的视角评价此书。

另外，我也想感谢所有我在纽约公共电台的前同事，当时我初涉播客制作和主持，是你们做我的坚强后盾。要感谢的人太多（我可以列出 100 个），但我想特别感谢乔尔·迈耶，将我招入纽约公共电台的团队。感谢吉姆·科尔根和杰伊·考伊特愿意花时间手把手地教我对着麦克风说话以及使用 DAVID 剪辑软件的技巧。同时也要感谢安·萨伊尼（Ann Saini），在假期花了一整个周末教我使用 Hindenburg 剪辑软件。另外，我想对亚历克斯·约翰逊致以由衷谢意，是他最先对我说："你听着只像你自己，这也正是你出彩的地方。"

非常感谢我在 Panoply 播客公司工作时结识的非虚构小组成员：劳拉·迈耶、米娅·洛贝尔、萨姆·丁曼、瑞安·迪利（Ryan Dilley）、安德烈娅·西伦齐、亨利·莫洛夫斯基（Henry Molofsky）、克里斯·贝鲁布（Chris Berube）、玛丽·威尔逊、琳赛·克劳托奇韦维尔、卡梅伦·德鲁兹、薇拉琳·威廉斯（Veralyn Williams）、珍妮弗·赖（Jennifer Lai）、杰森·德利昂（Jayson DeLeon）、奥代利亚·鲁宾（Odelia Rubin）、A.C. 瓦尔德斯（A. C. Valdez）、雅各布·史密斯（Jacob Smith）、丹·布卢姆（Dan Bloom）、叶菲姆·夏皮罗（Efim Shapiro）、艾夫·奥卢朱比（Ife Olujobi）、玛格丽特·凯利（Margaret Kelley）、乔丹·贝尔（Jordan Bell）、汉娜·科普（Hannah Cope）、伊拉娜·米尔纳（Ilana Millner）、萨米亚·亚当斯（Samiah Adams）、克丽丝蒂·米拉瓦尔（Christy Mirabal）、萨拉·本特利（Sarah Bentley）、贝蒂娜·沃肖（Bettina Warshaw）、卡利·米廖里（Carly Migliori）、

贾森·甘布里尔（Jason Gambrell）、埃文·薇奥拉（Evan Viola）、莉萨·菲尔斯坦（Lisa Fierstein）、妮科尔·邦茨丝（Nicole Buntsis）、蒂娜·德兰（Tina Tran）。你们不仅教会我如何成为一名更优秀的主播，还将播客这一行的里里外外以及管理项目和人员的学问倾囊相授。

感谢我新加入的 Stitcher 播客大家庭在听闻 Panoply 播客公司砍掉内容部后将我招入麾下——特别感谢克里斯·班农（Chris Bannon）、克里斯廷·迈尔斯（Kristin Myers）、诺拉·里奇、贾里德·奥康奈尔（Jared O'Connell）、凯茜·霍尔福德（Casey Holford）。

如果没有我曾共事过的搭档主播，我不可能走到今天。他们是雷夫·古斯曼（谢谢你 10 年前让我成为你的搭档，不断提点我，向我证明和自己喜欢的人一起录播客多么愉快，我感激不尽）、詹姆斯·巴尔（我幻想着有一天每个有才如你的人都能像你一样善良、专业），当然还有乔兰塔·格林伯格（乔兰塔，你的幽默、活力，以及你坦承自己脆弱一面，每次都让我大为折服）。正是因为你们，我才成为一名更优秀的主播，一个更好的人。

非常感谢所有这几年来见证我落到谷底，伸出援手解救我的所有媒体界超级英雄：克丽·多纳休（Kerry Donahue）和克里·霍夫曼（Kerri Hoffman），她们合体组成了音频界的超级女团。感谢格雷厄姆·格里菲思（Graham Griffith）、琼·托马斯（June Thomas）、塞莱斯特·黑德利（Celeste Headlee）、哈尔·格斯纳（Hal Gessner）、凯特琳·汤普森（Caitlin Thompson）、安·赫珀曼，以及，再一次，感谢劳拉·迈耶和克里斯·班农。要感谢的还有很多。

也要感谢每一位支持过我的播客、写信建议我如何改进、一路鼓励我前进的听众。你们的恩情,我没齿难忘。

最后但同样重要的是,感谢我的家人,另外我想再次对我亲爱的先生迪安致谢。迪安,世上没人比你更会鼓励别人,没人比你更会化繁为简,用简单的道理来解释复杂的问题。与你谈论我的工作、和你一起解决问题、知道你永远是我坚强的后盾,这都令我欢喜。谢谢你,真的很谢谢你。

图书在版编目（ＣＩＰ）数据

开始做播客：千万级流量主播教你有声节目策划、主持、圈粉及运营 /（英）克里斯滕·迈因策尔著；卢徐栋译 . -- 北京：中国友谊出版公司，2022.6

书名原文：So You Want to Start a Podcast

ISBN 978-7-5057-5296-2

Ⅰ . ①开… Ⅱ . ①克… ②卢… Ⅲ . ①网络营销 Ⅳ . ① F713.365.2

中国版本图书馆 CIP 数据核字 (2021) 第 164761 号

著作权合同登记号 图字：01-2021-5324

SO YOU WANT TO START A PODCAST, Copyright © 2019 by Kristen Meinzer

Published by arrangement with William Morrow, an imprint of HarperCollins Publishers.

Simplified Chinese translation copyright © 2022 Ginkgo (Beijing) Book Co., Ltd.

All rights reserved.

本书中文简体版权归属于银杏树下（北京）图书有限责任公司

书名	开始做播客：千万级流量主播教你有声节目策划、主持、圈粉及运营
作者	［英］克里斯滕·迈因策尔
译者	卢徐栋
出版	中国友谊出版公司
发行	中国友谊出版公司
经销	新华书店
印刷	天津中印联印务有限公司
规格	1194×880 毫米　32 开　6.5 印张　140 千字
版次	2022 年 6 月第 1 版
印次	2022 年 6 月第 1 次印刷
书号	ISBN 978-7-5057-5296-2
定价	38.00 元
地址	北京市朝阳区西坝河南里 17 号楼
邮编	100028
电话	（010）64678009

《韩国综艺节目如何讲故事》

从真人秀、脱口秀、喜剧节目到纪录片、广播节目的创作策略

★ 韩国综艺界热推的"最佳节目脚本创作书"
★ 俘获观众的韩国综艺创作秘诀,稳坐编剧必读长销宝座
★ 例举《无限挑战》《Running Man》《爸爸!我们去哪儿?》》……
★ 五大综艺类型深剖析,爆款一线案例全公开

内容简介 | 这是一本故事创作实战宝典,倾注了作者二十多年的策划与编剧体会,详细介绍综艺节目的构成特性、故事特质、创作方法,以及如何做策划、选择主持人和嘉宾、安排流程、撰写脚本,并独家引用《爸爸!我们去哪儿?》《无限挑战》《Running Man》等人气综艺剧本选段,举例讲解。

席卷亚洲的韩国综艺节目"内容竞争力",便在于淬炼出有趣的故事、捕捉不同世代观众的情感共鸣!

电影学院 140
著者:[韩]郑淑
译者:陈圣薇
书号:9787220111525
出版时间:2019 年 8 月
定价:42.00 元